Ary Rocha Júnior

Filho não é uma Palavra Composta

Filho não é uma Palavra Composta
Copyright© Editora Ciência Moderna Ltda., 2013

Todos os direitos para a língua portuguesa reservados pela EDITORA CIÊNCIA MODERNA LTDA.
De acordo com a Lei 9.610, de 19/2/1998, nenhuma parte deste livro poderá ser reproduzida, transmitida e gravada, por qualquer meio eletrônico, mecânico, por fotocópia e outros, sem a prévia autorização, por escrito, da Editora.

Editor: Paulo André P. Marques
Produção Editorial: Aline Vieira Marques
Assistente Editorial: Amanda Lima da Costa
Capa: Carlos Arthur Candal
Diagramação: Equipe Ciência moderna

Várias **Marcas Registradas** aparecem no decorrer deste livro. Mais do que simplesmente listar esses nomes e informar quem possui seus direitos de exploração, ou ainda imprimir os logotipos das mesmas, o editor declara estar utilizando tais nomes apenas para fins editoriais, em benefício exclusivo do dono da Marca Registrada, sem intenção de infringir as regras de sua utilização. Qualquer semelhança em nomes próprios e acontecimentos será mera coincidência.

FICHA CATALOGRÁFICA

ROCHA JÚNIOR, Ary.

Filho não é uma Palavra Composta

Rio de Janeiro: Editora Ciência Moderna Ltda., 2013.

1. **Sociologia da família; 2. Estrutura social – Discriminação Social**
I — Título

ISBN:978-85-399-0461-7   CDD 306.8
                                           305

Editora Ciência Moderna Ltda.
R. Alice Figueiredo, 46 – Riachuelo
Rio de Janeiro, RJ – Brasil   CEP: 20.950-150
Tel: (21) 2201-6662/ Fax: (21) 2201-6896
E-mail: LCM@LCM.COM.BR
WWW.LCM.COM.BR   08/13

Dedicatória

Dedico este livro a todas as crianças e adolescentes que vivem ou viveram algum momento de constrangimento na maneira que foram tratadas por serem filhos do coração. Também dedico aos pais dessas crianças e aos casais que ainda não tiveram o prazer de conceber um filho pelo coração e de viver esta experiência maravilhosa.

Por fim, dedico às pessoas que ainda têm preconceito, com a esperança de que este livro possa contribuir para minimizá-lo e com desejo de que Deus possa aliviar o coração destas pessoas.

Agradecimento

Agradeço a minha linda filha, Ana Clara, com muito amor, que me ensinou a ser pai, e a e todo este livro é dedicado especialmente a ela. minha esposa Tatiana, que me ensinou a ser marido. Agradeço as duas por permitirem que eu constituísse minha família, sendo pai e marido. Também agradeço a minha mãe, pessoa que me ensinou muito da vida.

Sumário

Prefácio VII

Introdução IX

Capítulo 1 – Maneiras de Conceber Filhos 1

Capítulo 2 – Sonhos 9

Capítulo 3 – Filhos Concebidos Pelo Coração 23

Capítulo 4 – Família 57

Capítulo 5 – A Importância dos Pais 69

Capítulo 6 – O Futuro de Seus Filhos 93

Capítulo 7 – Pais por Opção 107

Anexo – Frases Notáveis 117

Bibliografia 121

Prefácio

Este trabalho é fruto de muito estudo, dedicação e observação acerca do meio em que vivemos e dos malefícios que estão sendo causados em seres indefesos, como nossas crianças. Tento mostrar alguns pontos que podem auxiliar as pessoas a visualizarem todos os seres humanos de forma igualitária, sem discriminação, principalmente devido a fatores genéticos.

A maioria da população sonha em ter filhos e boa parte não tem conhecimento que cerca de trinta por cento dos casais podem ter dificuldades na concepção natural de seus filhos. Assim, apresento também algumas formas de concepção dos filhos. Resumidamente, abordo neste livro: concepção natural, concepção utilizando reprodução assistida ou concepção através da adoção. Neste livro a adoção é tratada como uma forma de concepção de filhos, sem nenhum interesse em burlar qualquer regra biológica existente.

Dessa forma, o presente livro tem como objetivo principal apresentar como parte da população brasileira tem utilizado a palavra filho de maneira preconceituosa e apresentar que independente da forma de concepção deles, a personalidade deles será formada por outros fatores e não pela forma que foram concebidos.

Indiretamente, tenho como objetivo, informar alguns conceitos que podem auxiliar no trato com os indivíduos inseridos em nossa sociedade, sem que haja discriminação, tentando desmistificar diversos pontos inerentes à adoção de crianças.

Temos inúmeras crianças em nosso país que anseiam em chamar alguém de pai e/ou mãe e sentirem-se verdadeiramente amadas como filhos. Além disso, existe também uma parcela enorme de casais ansiosos por serem pais e que podem conceber seus filhos pela adoção, sendo ela feita pelo coração. Por isso digo que para ser pai, você tem que optar por isso; mesmo que seja por

X - Filho não é uma Palavra Composta

concepção natural. Nenhuma criança já nasce com problemas psicológicos. Estes são adquiridos diariamente através de uma má-criação e de uma má-educação.

Desta forma, apresentamos o papel primordial que os pais têm para seus filhos na criação, educação e evolução deles. Sabemos que a genética traz características a todos nós, porém o ambiente em que vivemos é determinante para a formação de nossa personalidade.

Tenho a esperança de que este livro possa auxiliar pais, mães, filhos, futuros pais e futuras mães na forma de tratarem seus filhos e na desmistificação da maneira de concepção deles. Nenhum filho precisa ter medo de enfrentar a sociedade (mesmo que esta seja maliciosa) pela forma que o mesmo foi concebido.

Todos nós somos iguais. Todos nós somos irmãos perante a Deus. Logo, somos filhos adotivos Dele. Devemos lembrar também, que desde o início de nossa história existem lindos exemplos de adoção como o de São José, que foi pai adotivo do filho de Deus, recebendo Jesus Cristo de braços abertos como seu filho.

Por que o ser humano tem tanto preconceito? Será mera falta de informação? Acredito que sim e por isso tento fazer deste trabalho um ponto de partida para que as pessoas busquem se informar cada vez mais sobre alguns assuntos de grande importância que são abordados no decorrer do livro e, principalmente, pelo tema da adoção de crianças e adolescentes.

Devemos sempre lembrar que todo filho deve ser tratado como filho e que essa palavra não merece ser adjetivada, não há necessidade. Essa é a razão do título do livro: Filho não é uma palavra composta. Não precisamos chamar os filhos de "filho adotivo", filho biológico, filho de proveta, dentre outras formas de tratamento. Filhos são apenas filhos!

O Autor

Introdução

Este livro foi escrito com um paradigma diferente da maioria dos livros que contam histórias sobre adoção. O objetivo central é apresentar como a palavra filho tem sido utilizada em nosso cotidiano. Analisei as diferentes maneiras pelas quais os filhos podem ser concebidos atualmente. Além disso, levei em consideração como os seres humanos têm interpretado esse assunto e como infelizmente ainda existem preconceitos contra filhos concebidos por intermédio da reprodução assistida ou por adoção.

Nosso cotidiano tem nos mostrado que os valores culturais e sociais estão sendo gradativamente alterados e adaptados pelas sociedades ao longo do tempo. Temos visto a cada dia diversas barreiras preconceituosas sendo quebradas, por exemplo, a liberdade pela opção sexual não ser um assunto tratado com tanto preconceito. A mulher tem sido inserida cada vez mais no mercado de trabalho e a redução das diferenças entre homens e mulheres nas responsabilidades domésticas também tem tido constante evolução. Hoje em dia muitos homens já auxiliam nas tarefas do lar, sem nenhum problema e preconceito. Dessa forma, contextualizaremos os preconceitos ainda existentes ao longo deste livro, diretamente relacionados às crianças e principalmente relacionados à adoção.

Apresentarei o que o amor e a família podem auxiliar na criação dos filhos. Assim, pensei em família como um processo de continuidade através da inserção de novos valores que a própria sociedade tem incorporado, principalmente na valorização dos filhos, na criação e em seu crescimento. Assim, voltamos ao ponto central do livro que é a valorização dos filhos independente da forma que eles foram concebidos. Inicialmente, farei uma breve contextualização sobre as diversas maneiras de concepção de filhos atualmente.

XII - Filho não é uma Palavra Composta

As relações familiares certamente mudam, considerando a inserção da criança no seio da família, uma vez que a família passa a se organizar em torno da criança, eaa criança passa a receber uma importância maior. Antigamente, era muito comum as famílias terem três, quatro, cinco ou mais filhos. Hoje em dia, a maioria das famílias tem um ou dois filhos e, com certeza, a diminuição do número de filhos tem reflexo nas relações familiares, devido a diversos fatores. Dentre os diversos fatores, o econômico é tratado como ponto principal. Assim, abordarei alguns pontos também relacionados à influência dos pais e mães que trabalham fora de seus lares na "escolha" de ter filhos, no momento ideal e da melhor forma, se assim podemos dizer.

Entretanto, para pensar no tema: concepção de filhos do coração na formação da família, foi preciso estabelecer uma relação interdisciplinar entre psicologia, medicina e até mesmo de algumas disciplinas do direito, que foram de grande importância para elaboração deste livro, haja vista que não se trata de um assunto trivial. Logo, este livro é fruto de muito estudo, leitura, compreensão e vivência do nosso cotidiano acerca do tema proposto.

Antigamente, a adoção era apenas uma prática para "dar" um filho a um casal infértil ou de apenas "criar" mais uma criança, caso o casal já tivesse filhos biológicos. A criança "criada", normalmente, era discriminada no próprio lar e era tida como filho de criação e irmão de criação. Hoje, ela é vista como meio de dar uma família a uma criança que não possui convivência familiar e filhos a pais que sonham em formar a sua família. E mais, hoje esse tema é ainda mais visto como uma forma de complementar as famílias com muito amor, muito afeto, sendo estes filhos do coração inseridos no seio familiar como qualquer outro filho, independente da forma pela qual qualquer um deles foi concebido.

Obviamente que existem casos, situações e alguns contextos que não podemos e nem precisamos fugir do assunto, mas podemos tratar sem preconceitos. Tratar o assunto de forma séria, falando de adoção de filhos ou filhos concebidos pelo coração.

Introdução - XIII

O que não há é a necessidade é de tratar os filhos do coração como "seres diferentes", excluindo-os da parcela dos "filhos normais". Este é o núcleo do livro e desejo que ao final da leitura, todos estes aspectos tenham sido esclarecidos.

Pode parecer um paradoxo com relação ao título do livro, pois assim como "filho adotivo" é tratado como palavra composta, "filho do coração" também deveria ser. Entretanto, utilizarei "filho do coração" apenas para que haja diferenciação entre as palavras e por achar que "filho adotivo" seja um pouco preconceituosa. Porém, no decorrer do livro, você perceberá que todos são "apenas" filhos.

Não é objetivo deste livro, discutir nenhum aspecto da língua portuguesa. Estou dizendo que "filho adotivo" é uma palavra composta por ter um significado pejorativo e apenas para tratar o tema da forma como gostaria. Em nenhum momento quero entrar em conflito com regras gramaticais e semânticas.

Apesar de abordar as relações familiares no processo de criação e educação dos filhos, citei as diferentes maneiras de se conceber um filho atualmente. Mas foquei principalmente nos filhos concebidos pelo coração, que é o tema central deste livro.

Portanto, apresento um conjunto de pesquisas, que no seu todo propõe discutir, de forma clara, a maneira com a qual a concepção de filhos do coração tem contribuído para a formação da família "moderna" que está gradativamente sendo transformada.

A motivação que me levou a trabalhar com a concepção de filhos do coração é o fato de ainda existir preconceito em nosso país, onde a palavra filho passa, em muitos casos, a ser composta, quando a utilizamos como ""filho adotivo"". Logo, independente da forma como ele foi concebido e inserido na família, ele é filho. Ou seja, filho é uma palavra simples e existem várias formas de ele ser concebido.

Existem várias histórias de adoção de crianças e da concepção através da inseminação artificial ou fertilização *in vitro* em nosso país. Histórias de alegrias e de decepções, de prazeres e também

XIV - Filho não é uma Palavra Composta

de frustrações. Quis ouvir histórias reais destas diversas formas de concepção de filhos porque acredito no valor social da inserção de filhos concebidos de qualquer maneira em um lar. Entretanto, neste livro não irei contar nenhuma história em específico, uma vez que o tema central é tratar de como a palavra filho tem sido empregada nos dias atuais e também da inserção de um filho concebido pelo coração, no seio de uma família. Assim, as histórias que ouvi apenas me deram maior bagagem sobre o tema, para que pudesse escrever este livro.

Da mesma forma, não faz parte do escopo deste livro tratar dos casos negativos de adoção e sim dos positivos. Prefiro falar de sucesso e de amor. Acredito fielmente que podemos realizar tudo o que queremos. Acredito que as pessoas que fracassam sempre culpam os outros e nunca conseguem visualizar suas próprias falhas. O cantor e compositor Renato Russo disse: "se quiséssemos mudar o mundo, deveríamos começar a mudar a gente". Por isso, tratarei dos casos de sucesso e falar que a maioria dos casos é realmente positiva, pois são tratados com amor. Se realmente desejamos algo com amor, teremos sucesso. Além disso, pode-se perceber, em diversos estudos, que os casos negativos não foram originados pelas crianças, mas sim pelos "pais", ou melhor, pelo casal que não soube ser pais e culpam as crianças indefesas.

Ao longo deste livro também apresentarei muitos temas relacionados a fatos que ocorriam antigamente e hoje raramente os vemos. Hoje em dia, boa parte das famílias não fazem as refeições com todos os membros juntos, reunidos em uma mesa, por exemplo. Muitos de nós recordamos do tempo onde nossos avós reuniam toda a família na fazenda para "matar um porco", para "matar uma vaca", para fazer pamonha ou biscoitos. Essas atividades, principalmente para os mineiros como eu, podem ser traduzidas da seguinte forma. Nossos avós não queriam ajuda para estas tarefas, pois para isto eles poderiam contratar ajudantes. Eles queriam apenas a família reunida com muito amor e carinho.

Não desejo neste livro, em momento algum, analisar psicologicamente nenhum fator sobre educação dos filhos. Em todos os momentos onde falo de família: pai, mãe e filho; apenas cito as minhas opiniões, sem ter nenhuma prepotência em falar que todos os pontos estejam corretos ou que você concorde com todos eles.

Da mesma forma, não desejo conceituar nenhum ponto da psicologia e também não desejo e nem tenho a pretensão de fazer isso com os conceitos médicos, principalmente aqueles relacionados à reprodução assistida. Apenas apresento algumas formas de concepção de filhos utilizando a medicina como ponto auxiliar.

Desta maneira, em um contexto geral, quis tratar o tema central do livro que é o significado da palavra filho, sem conotações pejorativas, independente de como ele foi concebido; informando diversos pontos que estão sendo esquecidos nos dias atuais como família, ser pai, ser mãe, ser filho, amar e ser amado. E acima de tudo, o reflexo de todos estes pontos na criação e educação de um filho.

Atualmente muitas pessoas falam e se envolvem no tema sustentabilidade para termos um mundo melhor para nossas futuras gerações. Para que nossos recursos naturais não sejam destruídos e extintos. Concordo plenamente com este tema, mas não devemos nos esquecer de outro: "sustentabilidade social". Devemos tratar diariamente também sobre a não destruição das famílias, dos lares e da nossa sociedade. De nada adianta deixarmos um mundo melhor para nossos filhos se não deixarmos filhos melhores para o mundo.

Em momento algum desejo criticar outros autores e livros por não utilizarem os termos que aqui utilizei. Apenas tento expressar minha opinião sobre os fatos abordados ao longo deste livro e colaborar com o tema "adoção" em um contexto global.

Fico ainda pensando o motivo de visualizarmos diariamente vários exemplos de falta de amor ao próximo. Isto parece tão

XVI - Filho não é uma Palavra Composta

óbvio e básico em nossa existência. E ainda mais, visualizamos falta de amor a crianças, seres indefesos, desprotegidos, frágeis e puros de natureza e de alma. Como muitas pessoas podem maltratar e discriminar tais indivíduos que serão o futuro de nosso mundo?

Falamos tanto que a educação é a base para a formação de bons indivíduos em nossa sociedade, mas estamos nos esquecendo de algo anterior à educação formal ensinada nas escolas. Estamos nos esquecendo da educação de "berço", ensinada diariamente com os exemplos que os pais dão e a forma de criação e educação dos filhos. Estamos nos esquecendo do amor a estes seres puros e ingênuos. Você deve sempre lembrar que a educação de "berço" é a base para a formação do caráter, autoestima e responsabilidade; e, obviamente, não é responsabilidade das escolas e sim, dos pais. Lembre-se sempre disso.

Como nossa sociedade pode ser tão mesquinha em maltratar e ter preconceitos com essas crianças? É desumano maltratar crianças e idosos. Os primeiro por ser a base do futuro de nossa humanidade e o segundo por ser a base de nossa existência.

Para tratar de todos esses assuntos, este livro foi dividido em sete capítulos. No primeiro, Maneiras de Conceber Filhos, apresento algumas das maneiras mais utilizadas atualmente para concepção de filhos. Esse capítulo é a base para explicarmos o título do livro, como você poderá perceber ao longo de sua leitura.

No segundo capítulo, Sonhos, foco em uma análise de um dos principais sonhos de um casal, em especial das mulheres. Praticamente todas elas desejam ser mães e nem todas conseguem de forma natural, ou por não terem um parceiro, ou por terem algum problema biológico, ou com o parceiro.

No terceiro capítulo, Filhos Concebidos Pelo Coração, falo desta dádiva, esta arte, esta alegria e este amor lindo de se ter um filho concebido dessa forma. Diversos assuntos relacionados a este tema maravilhoso são expostos neste capítulo, tratando sempre assuntos que envolvam muito amor.

No quarto capítulo, Família, o ponto principal é tratarmos a família como base para a criação e educação dos filhos. A família possui um papel fundamental no crescimento psicológico dos filhos. Definir o conceito de família, não é uma tarefa trivial como possa parecer. Nesse capítulo iremos entender a subjetividade da definição do termo família, principalmente pelo fato dela não estar necessariamente ligada a laços de sangue.

No quinto capítulo, A Importância dos Pais, trato da importância do pai e da mãe na criação dos filhos no contexto familiar.

No sexto capítulo, O Futuro de Seus Filhos, apresento diversos pontos que influenciam direta e indiretamente o futuro de nossos filhos, mostrando algumas ações que podemos realizar para minimizar a dificuldade que eles enfrentarão ao longo da vida deles.

E por último, no sétimo capítulo, Pais por Opção, discutirei o motivo de se tornar pai. Perceberemos que realmente precisamos ser pais por opção. É necessário que se deseje ser pai e mãe. Caso contrário, a possibilidade de fracasso na criação e na educação dos filhos é aumentada de forma grandiosa.

Acima de tudo, devemos sempre pensar na "corrente do bem". Se cada um de nós conseguirmos auxiliar na melhoria de pelo menos duas pessoas, em um futuro próximo, teremos uma sociedade mais saudável, com certeza.

Sendo assim, diante de todos esses pilares que serão apresentados ao longo deste livro, espero que você tenha uma boa leitura e que possa tirar algum proveito para você mesmo ou para alguma pessoa próxima.

Capítulo 1 – Maneiras de Conceber Filhos

"Em verdade vos digo, aquele que não
nascer da água e do Espírito,
não pode entrar no Reino de Deus.
O que nasceu da carne, é carne
e o que nasceu do espírito é o espírito."
(Jo3:5-7)

Jesus Cristo disse: "Em verdade vos digo, aquele que não nascer da água e do Espírito, não pode entrar no Reino de Deus. O que nasceu da carne é carne e o que nasceu do espírito é o espírito. Além disso, os que estão na carne e só dela vivem, jamais conseguirão discernir as coisas do espírito." afirmação já podemos perceber mais de uma forma de conceber filhos: da carne e do espírito.

No mundo atual existem diversas maneiras de conceber um filho. Como Jesus disse: da carne, que seria o método natural e do espírito, que nos dias de hoje considero como as possibilidades existentes com o avanço da medicina, através da reprodução assistida e também através da adoção, mesmo sabendo que para uma criança ser adotada por um casal, ela precisa ser concebida pelo método natural ou por reprodução assistida.

Uma criança concebida por adoção também nasce do espírito, pois Deus sabe quem deve fazer parte da nossa vida e como deve fazer parte. Todas as pessoas com casos positivos de adoção dizem que seus filhos estavam preparados para ser deles. Muitos dizem que Deus apenas fez com que outra mulher gerasse seu filho.

2 - Filho não é uma Palavra Composta

Considero três grandes possibilidades de conceber filho: método natural, reprodução assistida e adoção.

No método natural, como todos conhecem, devemos ter a presença de um casal onde ambos são férteis, que não façam uso de nenhum método contraceptivo e que tenham relação sexual no período fértil da mulher.

É importante também que o casal não tenha idade avançada, principalmente a mulher. É sabido que o número de óvulos das mulheres vai reduzindo a cada mês. Assim, quanto maior a idade da mulher, menor as chances de conceberem um filho pelo método natural.

A concepção natural depende também da ocorrência de uma ovulação normal e do transporte dos espermatozoides e óvulos viáveis, dentro do sistema reprodutivo feminino.

Este método, certamente, é o mais fácil de conceber um filho e também é o mais utilizado, por razões óbvias.

Entretanto, segundo a Sociedade Brasileira de Reprodução Humana, um em cada seis casais apresentam problema de fertilidade, não conseguindo ter filhos por métodos naturais.

O termo infertilidade é definido como a dificuldade de um casal conceber um filho, apesar de relações sexuais regulares e sem proteção em período que pode variar de um a dois anos. Fatores de risco como a idade da mulher, ciclos menstruais irregulares, história de doença inflamatória pélvica, cirurgia abdominal prévia e, no homem, história de testículos que não migraram para a bolsa escrotal, podem justificar uma investigação e tratamento.

Os casais devem estar conscientes de que se tiverem vida sexual normal sem proteção, 80% engravidarão dentro de um ano e 90% em dois anos, segundo estimativas da Sociedade Brasileira de Reprodução Humana. É sabido que a infertilidade não causa nenhum risco para a saúde física, porém provoca sérios impactos emocionais, sociais que influenciam no bem estar dos casais.

Capítulo 1 – Maneiras de Conceber Filhos - 3

É importante lembrar que a maioria dos casais inférteis pode engravidar e ter filhos pelos métodos naturais com ou sem um tratamento específico. Podemos dizer que estes casais têm menos chance de engravidar pelos métodos naturais. Mas, não podemos afirmar com 100% de certeza que nunca conseguirão. Somente uma minoria é realmente estéril, isto é, não engravidarão. Logo, não podemos generalizar e igualar os termos infertilidade e esterilidade.

A esterilidade pode acontecer devido à ausência dos espermatozoides, ausência ou não funcionamento dos ovários, ou ausência do útero. Dessa forma, não há possibilidade de concepção natural de filhos.

Na medicina existem diversas maneiras de conceber um bebê, que podemos resumir em indução de ovulação, inseminação artificial e fertilização *in vitro*.

A indução de ovulação consiste basicamente na mulher tomar medicamentos à base de hormônios para produzir mais óvulos e aumentar a chance de fecundação durante a relação sexual, ou seja, além da estimulação da ovulação, devem-se utilizar conjuntamente os métodos naturais. Nesse caso, com acompanhamento médico e com as dosagens hormonais sendo monitoradas minuciosamente. A relação sexual poderá ter inclusive dia e hora marcados para ocorrer.

A inseminação artificial é a técnica mais simples de reprodução assistida, dita de baixa complexidade. Nela, se manipula em laboratório apenas os espermatozoides. Nesta técnica, os espermatozoides são coletados e preparados, posteriormente são escolhidos os "melhores" dentre todos eles. Há a necessidade de ter um volume considerável de espermatozoides de "boa qualidade". Após a seleção dos espermatozoides, a inseminação artificial é a inserção dos espermatozoides preparados dentro do útero, sendo que a fertilização (penetração do espermatozoide no óvulo) ocorre no ambiente natural. Neste procedimento deve-se ter certeza de que as trompas estão normais, pois elas deverão captar o óvulo, fornecer condições para que ocorra a fertilização e transportar o embrião até o útero.

Entretanto, em homens cujo espermograma esteja muito alterado, este procedimento não é indicado para os casais.

Na inseminação artificial, a mulher frequentemente necessita ter uma indução da ovulação também com medicamentos à base de hormônios. Esta ação pode ser realizada para que as chances de gravidez sejam aumentadas.

Devemos lembrar que a inseminação artificial pode ocorrer também com doação de espermatozoides e com o óvulo da mãe.

Outra técnica existente na reprodução assistida é a fertilização *in vitro*, onde a fecundação do óvulo pelo espermatozoide se dá fora do corpo humano. Na Fecundação *in vitro,* a mulher toma injeções diárias de hormônios para induzir a ovulação. Quando isso ocorre, os óvulos são aspirados e fecundados no laboratório. O médico transfere alguns embriões ao útero, dependendo da idade da mulher. Depois da transferência, é necessário aguardar por quinze dias para saber se os embriões se fixaram no útero ou não, ou seja, quantos bebês aparentemente poderão nascer.

O aprimoramento das técnicas de fertilização *in vitro* ampliou as suas indicações e permitiu o seu uso para o tratamento da infertilidade de diversas causas, principalmente àquelas onde a inseminação artificial não pode ser utilizada.

Normalmente, a mulher ovula apenas um óvulo a cada ciclo, se for utilizado o ciclo natural. Em cada ciclo teria apenas um óvulo crescendo e se todas as etapas forem realizadas com sucesso, apenas um embrião estaria disponível para transferência ao útero materno. Com a indução da ovulação faz-se com que "amadureçam" mais óvulos a cada ciclo aumentando a probabilidade de se ter mais embriões. Transferindo mais de um embrião, aumenta-se a chance de gestação, embora aumente significativamente a probabilidade de gestação múltipla.

O crescimento folicular é controlado quase que diariamente para garantir a quantidade e tamanho necessário para que a aspiração folicular ocorra no melhor momento para aumentar as chances de gravidez.

Também na fertilização *in vitro*, o sêmen é coletado e preparado da mesma forma que para a inseminação, utilizando algumas técnicas que possam melhorar a qualidade dos espermatozoides. Os óvulos, também coletados, ficam algum tempo em um meio de cultura e, após um determinado período, são fecundados em laboratório.

Posteriormente à fecundação no laboratório, é feita a transferência dos embriões. Este é um procedimento relativamente simples, onde os embriões são transferidos para o útero materno.

A doação de óvulos é um método que pode parecer polêmico porque o bebê carrega a carga genética apenas do pai (com relação ao casal). O óvulo de uma doadora, que por questões éticas atuais, deve ser desconhecida, é fecundado com o espermatozoide do pai (com relação ao casal), em laboratório, utilizando as técnicas de fertilização in vitro. O embrião é então transferido para o útero da mãe. Para este caso, é necessário que a doadora tenha algumas características genéticas semelhantes às da mãe.

Podemos ter também a doação de espermatozoides e a utilização de óvulos da mãe, que também pode parecer um método polêmico, pois a criança carregará a carga genética da mãe (com relação ao casal). O restante dos trabalhos é feito como na inseminação artificial ou dependendo dos casos, utilizando fecundação *in vitro*.

Outra possibilidade acontece com a ovo doação, ou seja, na doação do óvulo já fecundado, "bastando" o mesmo ser inserido na mãe, utilizando algumas das técnicas de fertilização *in vitro*.

Após a realização de todas estas técnicas, atualmente, caso o casal deseje, pode haver congelamento de embriões e espermatozoides, que poderão ser descongelados e utilizados quando se desejar engravidar.

6 - Filho não é uma Palavra Composta

Sabemos de um caso, por exemplo, de uma mulher norte-americana, que concebeu um filho através de inseminação artificial, utilizando espermatozoides do marido, que já havia morrido há alguns anos.

Entretanto, nenhuma destas técnicas de reprodução assistida tem uma taxa de sucesso alta. Em muitos casos as famílias não conseguem conceber seus filhos com o auxílio da medicina, mesmo esta estando muito avançada tecnologicamente para a realização dos procedimentos necessários.

Mas, os procedimentos realizados na reprodução assistida não são tão simples como podemos imaginar. As injeções de hormônios podem causar alterações de humor e aumento de peso nas mulheres, dentre outras reações. O casal fica muito ansioso e apreensivo durante todas as etapas do tratamento. E como a taxa de sucesso ainda não é muito elevada, o fracasso pode ocorrer gerando alterações psicológicas, traumas e grandes momentos de tristeza no casal. Alguns casais chegam a realizar diversas tentativas para que se tenha sucesso.

Entretanto, para que se utilize a reprodução assistida, existem algumas regras a serem seguidas, definidas pelo Conselho Federal de Medicina. Os principais pontos destas regras são apresentados abaixo:

- As técnicas de reprodução assistida podem ser utilizadas somente quando outras técnicas terapêuticas tenham se revelado ineficazes ou consideradas inapropriadas.

- O método pode ser utilizado desde que exista probabilidade efetiva de sucesso e não se incorra em risco grave de saúde para a paciente ou o possível descendente.

- O consentimento informado será obrigatório a todos os pacientes submetidos às técnicas de reprodução assistida, inclusive aos doadores. Os aspectos médicos devem ser detalhadamente expostos, assim como os resultados obtidos. As informações devem também atingir dados de caráter biológico, jurídico, ético e econômico.

- As técnicas de reprodução assistida não devem ser aplicadas com a intenção de selecionar o sexo ou qualquer outra característica biológica do futuro filho, exceto quando se trate de evitar doenças ligadas ao sexo do filho que venha a nascer.
- É proibida a fecundação de óvulos humanos com qualquer outra finalidade que não a procriação humana.
- Mulheres com até 35 anos podem ter até dois embriões implantados; mulheres com idade entre 36 e 39 anos, até três embriões; e mulheres com 40 anos ou mais, até quatro embriões - o número máximo permitido.
- Em caso de gravidez múltipla, é proibida a utilização de procedimentos que visem à redução embrionária.
- A doação nunca terá caráter lucrativo ou comercial e os doadores não devem conhecer a identidade dos receptores e vice-versa (exceto por motivação médica).
- O descarte de material genético fica a cargo das clínicas.
- A procriação assistida pós-morte é possível, desde que exista consentimento por escrito do doador falecido.
- A técnica pode ser utilizada por qualquer pessoa, independentemente de estado civil ou orientação sexual.
- Toda intervenção sobre embriões in vitro, com fins de diagnósticos, não poderá ter outra finalidade que não a de avaliar sua viabilidade ou detectar doenças hereditárias, sendo obrigatório o consentimento informado do casal.
- As doadoras temporárias do útero devem pertencer à família da doadora genética, num parentesco até o segundo grau, sendo os demais casos sujeitos à autorização do Conselho Regional de Medicina. É vedada a barriga de aluguel.

Em muitos casos onde não há sucesso na reprodução assistida, há uma grande incidência de casais que resolvem partir para a adoção de crianças. Mas, atualmente já podemos perceber que também existe uma taxa elevada de casais que procuram a adoção mesmo durante o tratamento ou mesmo sem ter problemas de fertilidade.

8 - Filho não é uma Palavra Composta

Na adoção, as crianças já nasceram por intermédio da reprodução natural ou assistida.

Em uma definição do dicionário Aurélio, a adoção é a aceitação voluntária e legal de uma criança como filho.

Através da adoção, assume-se o pátrio poder da criança, desligando-a de todo e qualquer vínculo com os progenitores. Trata-se de um ato irrevogável, ou seja, o vínculo não pode mais ser desfeito e a criança passa a fazer parte da família, ou seja, torna-se efetivamente filho. É neste caso onde chamamos de filhos ao invés de filhos adotivos. Este último termo é muito pejorativo e acaba sendo discriminatório, uma vez que filho é apenas filho, independente da forma de concepção do mesmo, ou seja, se este foi concebido naturalmente, através da reprodução assistida ou através de adoção. Perceba que adoção é apenas um método de concepção de filhos.

E o objetivo principal deste livro é: que a adoção não seja discriminatória, que filhos sejam tratados sempre da mesma maneira, que os conceitos inerentes à família sejam respeitados e que os filhos tenham sucesso pessoal e profissional, independente de como foram concebidos.

Portanto, atualmente todas as pessoas podem conceber seus filhos. Não existem desculpas. Pode existir falta de vontade, interesse, de desejo de ser pai ou mãe. Mas, para todos os problemas existem soluções. Basta escolher um dos métodos citados anteriormente ou utilizar o método que for definido pelo seu médico de acordo com o diagnóstico feito para cada casal.

Logo, devemos avaliar sempre o sonho do casal ou de apenas uma pessoa, para que um filho seja concebido. No próximo capítulo, abordarei este assunto. Mas, devemos sempre ter em mente. Filho não é uma palavra composta. Filho é apenas filho! Não podemos discriminar citando as palavras: "filhos adotivos" ou "filhos de proveta". Eles são apenas filhos como quaisquer outros.

Capítulo 2 – Sonhos

"Viver é a coisa mais rara
do mundo. A maioria das
pessoas apenas existem."
Oscar Wilde

Como disse Oscar Wilde, "Viver é a coisa mais rara do mundo. A maioria das pessoas apenas existe". Esta frase é muito profunda e está completamente relacionada com o tema deste capítulo - Sonhos. Necessitamos sonhar a cada dia, a cada momento. Acredito que no dia que pararmos de sonhar, poderemos morrer. Uma das grandes virtudes do ser humano, em minha opinião, é ter capacidade de pensar no futuro, sonhar e tentar transformar o sonho em realidade.

O objetivo principal do sonho pode até não ser o sucesso e sim, nos livrarmos do conformismo. Devemos sempre acreditar e buscar melhorar a cada dia e para isso, devemos obrigatoriamente sonhar. Da mesma forma, devemos cultivar nossos sonhos através de nossas derrotas diárias. Precisamos aprender com nossos erros e sonhar para acertar, sonhar na busca de sermos melhores a cada dia.

Muitas vezes somos pegos pensando no real significado de nossas vidas. Outro dia cheguei à conclusão de que o significado da minha vida é tentar ajudar a criar um mundo melhor, num contexto bastante amplo. Mas, para criar um mundo melhor, preciso obrigatoriamente saber o que melhorar e a partir disso, criar meus sonhos de como deveria ser algo que eu definisse que precisaria ser melhor.

Obviamente que o sentido de melhorar o mundo não é um sentido prepotente, mas sim, em melhorar alguma coisa em mim, na minha família ou na sociedade em que vivemos. Se cada um

10 - Filho não é uma Palavra Composta

de nós tivermos sonhos de melhorar o mundo e executarmos pequenas ações, juntos criaremos um mundo melhor. Este é um grande sonho.

Podemos nos lembrar do filme "A Corrente do Bem", onde um garoto de 12 anos, chamado Trevor, teve uma ideia para realizar um trabalho de geografia. A ideia dele era simples, mas de uma profundidade incrível. Cada pessoa deveria fazer o bem a outras três pessoas e assim sucessivamente. Obviamente que muitas pessoas realizando tal ação, criariam uma corrente: porém, uma corrente do bem. Este era o sonho do garoto do filme. Um sonho grandioso, mas possível de ser concretizado. Imagine a quantidade de pessoas que poderiam estar fazendo o bem.

Outro sonho aparentemente impossível de se realizar foi o do canadense Ryan Hreljac, nascido em 1991. Ele ficou mundialmente conhecido como o "menino que saciou a sede de meio milhão de africanos".

Quando pequeno, na escola, com apenas seis anos, sua professora lhe falou sobre como viviam as crianças na África. Profundamente comovido ao saber que algumas até morriam de sede em algumas localidades, onde não havia poços de onde tirar água, e pensando que a ele bastavam alguns passos para que a água saísse da torneira durante horas; Ryan perguntou quanto custaria para levar água a eles. A professora pensou um pouco, e se lembrou de uma organização chamada WaterCan, dedicada ao tema, e lhe disse que um pequeno poço poderia custar cerca de 70 dólares.

Quando chegou à casa dele, foi direto a sua mãe Susan e lhe disse que necessitava de 70 dólares para comprar um poço para as crianças africanas.

Sua mãe disse que ele deveria consegui-los e ela foi dando tarefas a ele em casa com as quais Ryan ganhava alguns dólares por semana.

Capítulo 2 – Sonhos - 11

Finalmente ele reuniu os 70 dólares e pediu a sua mãe que o acompanhasse à sede da WaterCan para comprar seu poço para os meninos da África. Quando o atenderam, informaram que o custo real da perfuração de um poço era de 2.000 dólares. A mãe dele, Susan, deixou claro que ela não poderia lhe dar 2.000 dólares por mais que limpasse cristais durante toda a vida. Entretanto, Ryan não se rendeu. Prometeu àquele homem que voltaria. E assim o fez.

Contagiados por seu entusiasmo, todos se puseram a trabalhar: seus irmãos, vizinhos e amigos. Em todo o bairro conseguiram reunir 2.000 dólares e Ryan voltou triunfante a WaterCan para pedir seu poço.

Em janeiro de 1999 foi perfurado um poço em uma vila ao norte de Uganda. A partir daí começou a lenda. Ryan não parou de arrecadar fundos e de viajar por meio mundo buscando apoios.

Quando o poço de Angola estava pronto, o colégio começou uma correspondência com as crianças do colégio que ficava ao lado do poço, na África. Assim, Ryan conheceu Akana: um jovem que havia escapado das garras dos exércitos de meninos e que lutava para estudar a cada dia. Ryan se sentiu cativado por seu novo amigo e pediu a seus pais para ir visitá-lo.

Com um grande esforço econômico, os pais pagaram a viagem à Uganda e Ryan, no ano de 2000, chegou ao povoado onde havia sido perfurado seu poço. Centenas de meninos dos arredores formavam um corredor e gritavam seu nome.

- Sabem meu nome? - Ryan perguntou a seu guia.

- Todo mundo que vive 100 quilômetros ao redor sabe - respondeu.

Hoje em dia, Ryan - ainda jovem - tem sua própria fundação (www.ryanswell.ca) e conseguiu levar mais de 400 poços à África. Sua fundação também trabalha para proporcionar educação e ensinar aos nativos a cuidar dos poços e da água. A fundação recolhe doações de todo o mundo para desempenhar suas funções. Ryan tem se empenhado em acabar com a sede na África.

12 - Filho não é uma Palavra Composta

Perceba que este é um sonho iniciado por uma criança, que contagiou muitos. Logo, se sonharmos e dedicarmos nosso tempo com muita intensidade ao nosso sonho, com certeza teremos sucesso.

Outro grande exemplo, que acredito ser mais um exemplo de sonho, dedicação e amor pelo filho, é o fato relatado no filme "O óleo de Lorenzo", que foi baseado em fatos reais.

Lorenzo era uma criança, filho único, que levava uma vida normal até que aparecem diversos problemas de ordem mental, que foram diagnosticados como adrenoleucodistrofia (ADL), uma doença extremamente rara e que provoca incurável degeneração do cérebro, levando o paciente à morte em pouco tempo. Os pais do menino ficaram frustrados com o fracasso dos médicos e com a falta de medicamentos para a doença, na época.

Assim, o pai de Lorenzo começou a estudar e a pesquisar sozinho, na esperança de descobrir algo que pudesse deter o avanço da doença. Este pai estava sonhando em poder auxiliar seu próprio filho e com todo o amor de pai, estava lutando com todas as suas forças para conseguir o sucesso.

O pai de Lorenzo iniciou uma batalha científica para melhor entender o inimigo invisível que estava destruindo o cérebro de Lorenzo, deixando-o cego, surdo, paralítico, incapaz de engolir e de se comunicar.

Diante do inesperado desengano dos médicos, o pai de Lorenzo estava estudando os livros de medicina e os poucos artigos científicos da época. Tudo que pudesse ajudar na compreensão da ação desta doença e assim poder discutir com os médicos a melhor forma de tratamento para amenizar os sintomas de Lorenzo.

Sem aceitar passivamente o diagnóstico, passou a se dedicar mais ao estudo dos mecanismos básicos celulares, buscando aprender e entender como as células do organismo funcionam. Passava dias e noites na biblioteca, mergulhado em livros numa época em que computadores pessoais e internet praticamente não existiam. Quando ele acreditava que havia encontrado alguma

Capítulo 2 – Sonhos - 13

informação relevante, procurava médicos e professores de medicina e discutia com eles sua ideia, sempre buscando encontrar uma forma de tratamento que minimizasse o sofrimento do seu filho.

As dificuldades encontradas eram enormes, desde preconceitos de profissionais por ele ser leigo em Bioquímica e medicina, à impossibilidade de testes em humanos de tratamentos ainda não autorizados pelo FDA (FoodandDrugAdministration - órgão que fiscaliza a saúde nos Estados Unidos). Uma luta intensa para encontrar parceiros químicos com competência para produzir a fórmula dos óleos que ele acreditava que pudesse curar Lorenzo.

A ADL se caracteriza pelo acúmulo de ácidos graxos saturados de cadeia longa na maioria das células do organismo afetado, mas principalmente nas células do cérebro. O Óleo de Lorenzo é a mistura de dois ácidos graxos insaturados, o ácido aléico e o ácido erúcico, cujo metabolismo se sobrepõe ao dos saturados, evitando assim o seu acúmulo.

Para chegar a esta conclusão, o pai de Lorenzo, inicialmente teve que sonhar, depois teve que lutar e dedicar com todas as suas energias lutando contra todas as dificuldades que enfrentou pela frente. Ele conseguiu e ministrou o óleo, que foi batizado de "Óleo de Lorenzo", que atualmente é produzido por uma companhia inglesa. O Sr. Odone (pai de Lorenzo) não recebe nenhum percentual sobre as vendas.

Em 2008, Lorenzo faleceu aos 30 anos de idade, mas segundo o Sr. Odone, morreu de pneumonia e não em decorrência da ADL. Com a administração do óleo, Lorenzo viveu 20 anos a mais do que as expectativas dos médicos.

Um grande sonho de um grande pai e uma grande realização.

Mas, o sonho que a maioria dos seres humanos possui, é ser pai e ser mãe em algum momento de suas vidas. Isto faz parte de ter um mundo melhor: poder criar uma família e filhos para que eles sejam melhores que nós pais e que sejam agentes transformadores de nossa sociedade e nosso mundo.

O sonho das mulheres em ser mãe é muito grande, pois ser mãe é uma dádiva Divina. Ser mãe é doar-se aos filhos, é guiá-los ao longo da vida, com o apoio de seus maridos, obviamente.

Se pensarmos em uma forma natural, todo este sonho começa, mesmo que inconsciente, com o namoro. Com o passar do tempo, começam as perguntas, principalmente das pessoas mais próximas e dos familiares, de quando será o casamento. Após realizar o casamento, os questionamentos mudam e passam a ser: quando virão os filhos? Obviamente que se pensarmos em uma forma bastante tradicional de se ter filhos. Mas, não necessariamente precisa ser desta forma. O sonho pode ser de qualquer magnitude. Pode ser uma mulher solteira querendo ter um filho, por exemplo.

Entretanto, não podemos esquecer, é claro, das mulheres que querem se dedicar plenamente á vida profissional, pois ser mãe exige muita dedicação. Porém, esta avaliação vai depender de cada caso, de cada casal, de cada mulher.

A decisão de quando ter filhos hoje em dia parece mais fácil de ser adiada em função da carreira e do sucesso profissional. Não é como antigamente onde os casais "encontravam o parceiro ideal" e construíam famílias que nunca se separavam e tinham filhos, vários filhos. Infelizmente, hoje em dia, os lares se desfazem mais facilmente e os filhos acabam perdendo a referência de família. E até mesmo o conceito de família pode estar mudando nos dias atuais. Mas, neste livro vamos tratar aqui dos casos onde os desejos e sonhos são evidentes.

Certo dia, perguntaram a Dalai Lama: "*O que mais te surpreende na Humanidade?*" E ele respondeu: "*Os homens... porque perdem a saúde para juntar dinheiro, depois perdem dinheiro para recuperar a saúde. E por pensarem ansiosamente no futuro, esquecem-se do presente de tal forma que acabam por não viver nem o presente nem o futuro. E vivem como se nunca fossem morrer.... e morrem como se nunca tivesse vivido.*"

Pela resposta dada, podemos relacioná-la com a formação da família atualmente. As pessoas estão pensando cada vez mais no sucesso profissional e esquecendo o sucesso pessoal e quando percebem, estão próximos da morte.

Podemos perceber que tão grande pode ser o sonho de ser mãe quando avaliamos o caso de uma adolescente norte americana que abandonou um tratamento de câncer pelo desejo de ser mãe. Abaixo, contarei todo o caso da adolescente de dezessete anos, que foi noticiado em diversos jornais, revistas e sites pelo mundo em dezembro de 2011.

Apesar do câncer, ela deu a luz a uma criança e faleceu apenas 12 dias após realizar o seu grande sonho de ser mãe.

O drama de Jenni começou aos 16 anos. Após vários exames, ela foi diagnosticada com astrocitoma, um tipo de tumor cerebral.

Os médicos disseram que a garota tinha apenas 30% de chances de sobreviver por dois anos. Porém, outra notícia recebida no mesmo dia abalou Jenni. Os médicos disseram que ela possivelmente não conseguiria ser mãe. Com esta notícia ela ficou chateada.

Poucas semanas antes destas terríveis notícias, Jenni tinha começado a namorar Nathan Wittman.

Em março de 2011, o tumor de Jenni já tinha começado a diminuir por causa dos tratamentos com radiação e quimioterapia. Porém, Jenni começou a ter enjoos e dor de estômago. Quando descobriu que estava grávida, o feto já tinha 10 semanas.

No início do tratamento, os médicos tinham dito que era possível que ela nunca tivesse filhos, esterilizada pela radiação e pela quimioterapia. Contrariando as informações médicas, Jenni havia realmente ficado grávida. Como o tumor já estava diminuindo, Jenni escolheu seguir o sonho de ser mãe; interrompeu o tratamento e iria retomá-lo logo após o nascimento do filho.

16 - Filho não é uma Palavra Composta

No fim da gravidez, já bem fraca, a jovem nunca mostrou arrependimento pela decisão. Quando Chad Michael nasceu, o câncer já tinha tirado a visão de Jenni, mas ela dizia que podia vê-lo mais ou menos.

A família e os amigos pensam no caso de Jenni como uma história de sacrifício, e não como uma tragédia. Em um determinado momento, "Ela disse à enfermeira: terminei, fiz o que tinha que fazer. Meu bebê vai ficar a salvo", diz Diana, mãe de Jenni, lembrando as palavras finais da filha.

Percebam que o sonho de ser mãe pode ser tão grande e chegar a casos estremos como o caso de Jenni.

Toda mulher tem a maternidade a flor da pele. Filhos refazem o sentido da vida, uma vez que somente eles nos geram um amor puro e verdadeiro. São seres que não queremos que nenhum mal lhes aconteça, não queremos que eles morram antes da gente, pois o sofrimento é indescritível. Somente quem já perdeu um filho sabe a dor que se sente.

É um amor incondicional. É assim que as mulheres definem o amor que sentem pelos seus filhos. Quem realiza esse sonho não se importa se estes laços são de sangue ou se foram construídos a partir de um encontro mágico, muito especial, criando um laço de amor que nem todos os laços de sangue conseguem ter.

Para a mulher, após a notícia de estar grávida, é como se o bebê dissesse a ela: "Olha eu chegando! A senhora estava me esperando, mas não sabia o dia que eu viria, mas já estava escrito e hoje sou uma sementinha em sua barriga". Os dias vão se passando, as visitas ao ginecologista e os ultrassons vão ficando frequentes. Tudo isto gera sensações inacreditáveis, mas o dia do nascimento dos filhos é uma das datas mais especiais na vida de uma mulher. Certamente, é inesquecível!

Imaginar conceber uma criança, dar a luz, amamentar, ensinar a andar, a falar, a estudar. Ensinar a viver! Nenhum sentimento se iguala ao amor que será dado à criança, com enorme prazer.

Entretanto, o sonho de ser mãe pode ser um pouco mais complexo para uma boa parcela das mulheres no mundo atual, levando-se em consideração os métodos naturais. Porém, com o avanço da medicina este sonho se torna bem mais próximo da realidade, conforme citei no capitulo anterior.

Todavia, muitas mulheres acabam fazendo julgamentos relacionados a sua religião com relação à realização de tratamento de fertilidade ou não. Já ouvi um casal dizer que não faria tratamento, pois se Deus não quis que eles tivessem filhos de forma natural, é porque não deveriam ter filho. Pessoalmente não condeno este casal, uma vez que cada ser humano e cada casal tem o direito de fazer suas próprias escolhas. Porém, apesar de não condenar, também tenho o direito de não concordar.

Independente de religião, quem me garante que Deus não deu aos homens o dom da inteligência e da pesquisa para descobrir métodos alternativos para a concepção de filhos? Este questionamento é o que me faz não concordar com situações como esta. Porém, conforme falei, respeito a posição dos casais que pensam de forma contrária.

Outro dia uma mulher me disse que estava nervosa com Deus, pois ele não a deixava ser mãe. Esta mulher poderia não entender que não existe apenas a forma natural de se conceber um filho. Talvez Deus tenha reservado a ela o caminho do auxílio da medicina, através da reprodução assistida, ou da adoção de uma criança.

Deus sabe o que todos nós devemos passar nesta vida, as dificuldades que precisamos enfrentar as tristezas e as alegrias. Enfim, Deus poderia estar promovendo momentos na vida desta mulher que ela deveria realmente enfrentar, assim como poderia estar promovendo sensações que ela deveria sentir. Mas, como Deus é grandioso, com certeza iria destinar muita alegria a esta mulher.

Algumas semanas após esta mulher ter me falado que estava triste com Deus, ela me disse que já tinha pedido perdão a Ele,

18 - Filho não é uma Palavra Composta

pois uma criança havia nascido em seu coração. Deus tinha enviado um bebê para ela, que tinha sido gerado na barriga de outra mulher. Ou seja, ela tinha adotado um lindo bebê, que é seu filho incondicional. Nem ela, nem o marido o tratam como "filho adotivo" e sim como filho. Filho não é uma palavra composta. Filho é filho!

A canadense Margaret Fishback Powers traduziu perfeitamente o amor de Deus por nós no lindo poema "Pegadas na Areia", que transcreverei abaixo.

"Uma noite eu tive um sonho.

Sonhei que estava andando na praia com o Senhor e através do Céu, passavam-se cenas da minha vida.

Para cada cena que se passava, percebi que eram deixados dois pares de pegadas na areia; um era meu e o outro do Senhor.

Quando a última cena da minha vida passou diante de nós, olhei para trás, para as pegadas na areia e notei que muitas vezes, no caminho da minha vida havia apenas um par de pegadas na areia.

Notei também, que isso aconteceu nos momentos mais difíceis do meu viver.

Isso entristeceu-me deveras, e perguntei então ao Senhor:

- Senhor, Tu me disseste que, uma vez que eu resolvi Te seguir, Tu andarias sempre comigo, todo o caminho, mas notei durante as maiores atribulações do meu viver que havia na areia dos caminhos da vida, apenas um par de pegadas. Não compreendendo porque nas horas que eu mais necessitava de Ti, Tu me deixastes.

O Senhor me respondeu:

- Meu precioso filho. Eu te amo e jamais te deixaria nas horas da tua prova e do teu sofrimento. Quando vistes na areia apenas um par de pegadas, foi exatamente aí que Eu nos braços te carreguei."

Sendo assim, partilhando deste maravilhoso poema, devemos sempre seguir nossos sonhos, por mais difíceis que eles sejam e nunca perdermos nossas esperanças.

Segundo a Sociedade Brasileira de Reprodução Humana, um em cada seis casais apresentam problema de fertilidade, não conseguindo ter filhos por métodos naturais nos primeiros doze meses de tentativas. Porém, segundo os médicos, antes de se procurar ajuda em clínicas de reprodução assistida, o ideal é que se tente, pelo método natural, pelo menos durante dois ou três anos.

Entretanto, todas as mulheres sabem o quanto é ruim sentir todos os sintomas de gravidez e ao buscar o resultado do exame, verificar um resultado negativo. A tristeza é grande. Porém, não é necessário ficar triste e perder a vontade de lutar e sonhar.

Com o avanço da medicina, o "problema" pode deixar de existir e o sonho de ser mãe e de ser pai deve continuar sempre. Além disso, podemos ter filhos concebidos através do coração.

Mas o principal neste momento é que devemos administrar os questionamentos de quando virá o bebê, algumas piadinhas que sempre surgem, e focar sempre em nosso grande sonho.

E como diz Maria Bethânia na letra de sua música "Sonho Impossível": devemos sonhar um sonho impossível, lutar, vencer, sofrer, voar, vencer guerras; enfim, uma flor vai brotar do impossível chão.

É muito bom sonhar um sonho "impossível" e depois conseguir realizá-lo. Vencer os inimigos que pareciam invencíveis tentando nos atrapalhar a realizar nosso sonho "impossível". Às vezes precisamos negar quando é mais fácil ceder e sofrer uma tortura implacável por ter negado. Com certeza é terrível demais. Não dá para ficar sem importar. Terei que vencer muitas guerras para que meu "sonho impossível" seja realizado, conforme podemos perceber pela letra desta maravilhosa canção, transcrita abaixo:

"Sonhar mais um sonho impossível
Lutar quando é fácil ceder
Vencer o inimigo invencível
Negar quando a regra é vender
Sofrer a tortura implacável

20 - Filho não é uma Palavra Composta

Romper a incabível prisão
Voar num limite provável
Tocar o inacessível chão
É minha lei, é minha questão
Virar este mundo, cravar este chão
Não me importa saber
Se é terrível demais
Quantas guerras terei que vencer
Por um pouco de paz
E amanhã este chão que eu deixei
Por meu leito e perdão
Por saber que valeu
Delirar e morrer de paixão
E assim, seja lá como for
Vai ter fim a infinita aflição
E o mundo vai ver uma flor
Brotar do impossível chão"

Lembre-se sempre da citação inicial deste capítulo: "Viver é a coisa mais rara do mundo. A maioria das pessoas apenas existe". Devemos sonhar sempre, mesmo sem saber se este sonho irá se concretizar. Não devemos apenas existir. Devemos buscar nosso sonho e trabalhar com todas as nossas forças até que ele se realize. Além disso, não existe vitória sem sacrifício. Se necessário, sacrifique-se para que seu sonho seja realizado.

Se for de conceber a criança no ventre materno, lute por isto. Se necessário for, utilize a reprodução assistida, por mais difíceis que sejam os tratamentos. Eles exigem muito da mulher, tanto fisicamente quanto psicologicamente, mas se necessário for, sacrifique-se. Nesse caso, o fim justifica os meios. Ser mãe é muito maior do que os sacrifícios necessários.

Mas lembre-se também que se pode conceber um filho através do coração, adotando uma criança. O prazer será o mesmo, pois a criança será seu filho da mesma forma e exigirá os mesmos sacrifícios de mãe e pai. Ele te dará a mesma alegria e você o criará da mesma maneira, pelo simples fato de ser seu filho. E não se esqueça: Filho não é uma palavra composta. Mesmo que ele seja concebido pelo coração, ele é seu filho e não ""filho adotivo"". Filho é filho!

Obviamente tudo isto se justifica pelo desejo de se ter um filho, não importa a forma que ele seja concebido. Ser pai e ser mãe é o melhor sentimento existente; é um amor puro. Sonhe, tente e faça acontecer. E quando olhar para trás, você verá que cada pequeno passo que você deu rumo à realização do seu sonho, contribuiu direta ou indiretamente para a melhoria da vida de várias pessoas. Neste momento, você entenderá o verdadeiro significado da palavra sucesso.

Nunca desista dos seus sonhos. Seja sempre um grande sonhador. E se conseguir sonhar, nunca tenha medo de falhar. Lembre-se que as pessoas que comentem erros são apenas aquelas que tentam realizar algo. E lembre-se sempre que se você ainda não obteve sucesso, é porque a batalha ainda não terminou. Você irá vencê-la. Logo, lute um pouco mais até vencer. Airton Senna disse em uma entrevista: "No que diz respeito ao empenho, ao compromisso, ao esforço e à dedicação, não existe meio termo. Ou você faz uma coisa bem feita ou não faz".

Entretanto, dependendo do seu sonho e da forma como irá tentar conceber seu filho, você pode estar sendo exposto a um grau de ansiedade maior ou não. Mas não se preocupe e tente minimizá-lo. Ansiedade não é uma doença, mas sim uma reação natural do organismo que ocorre de forma inadequada.

Fundamentalmente a ansiedade é "transmitida" de pais para filhos através do comportamento. Quando os pais são medrosos ou inseguros, seus filhos também poderão ser. Perceba que isto não é genético e sim comportamental.

Devemos minimizar ao máximo nossa ansiedade e continuar com nossos sonhos até que eles se realizem. Como disse Raul Seixas em uma de suas músicas "....tenha fé em Deus, tenha fé na vida, tente outra vez.....". Podemos considerar estas palavras

22 - Filho não é uma Palavra Composta

como mágicas. É como se tentássemos a cada dia, independente da forma que você esteja querendo ou tentando conceber um filho. Se for pelo método natural, sempre tenha fé e continue tentando. Se for através da reprodução assistida, também sempre tenha fé e continue tentando. Não tenha tanta ansiedade e tente outra vez. E se você estiver sonhando em ser pai do coração ou mãe do coração, tenha fé em Deus, tenha fé na vida, que sua hora vai chegar e em breve você estará com seus filhos.

Dessa forma, não importa a maneira que irá conceber um filho, se pelo método natural, se por reprodução assistida ou por adoção. O que importa é que você será pai e/ou mãe. Logo, sonhe e faça acontecer!

No próximo capítulo, destinarei momentos especiais para abordarmos os filhos concebidos pelo coração, que merecem grande atenção e amor.

Capítulo 3 – Filhos Concebidos Pelo Coração

"Não existe amor impossível,
o que existe são pessoas incapazes
de lutar por aquilo que chamam
de AMOR!"
Guimarães Rosa

"Não existe amor impossível, o que existe são pessoas incapazes de lutar por aquilo que chamam de Amor". Esta frase de Guimarães Rosa pode até não ter sido escrita considerando o Amor entre pais e filhos. Mas, se encaixa perfeitamente neste contexto. É possível sonhar e acreditar nas crianças, no potencial delas e que um sonho não é uma fumaça que se desfaz rapidamente no ar. É impossível não sonhar no amor construído diariamente entre pais e filhos, independente de como eles foram concebidos. Além disso, amor não se explica, sente-se.

Nos capítulos anteriores, abordei claramente a maneira de concepção de filhos e os sonhos de casais em serem pais. Entretanto, neste capítulo tratarei do tema "concepção dos filhos do coração", levando em consideração a bagagem que absorvemos anteriormente.

Além disto, não abordarei os casos negativos de adoção, uma vez que infelizmente na maioria desses casos verificamos que existem falhas originadas na família que fez a adoção e não na criança. As famílias devem sempre verificar se estão prontas para serem pais e não criarem expectativas sobre as crianças. Da mesma forma que uma "criança adotada" pode dar problemas e trabalho, uma "criança biológica" também pode. Neste capítulo citarei um caso desse. Assim, prefiro falar do amor e não da dor.

24 - Filho não é uma Palavra Composta

Principalmente da dor de crianças que são inseridas em novos lares diariamente onde os pais não estão preparados psicologicamente para serem pais e geram discriminação e dor nas crianças. Dessa forma, falarei de amor e não de dor.

Juridicamente o termo adoção é dado a uma ação judicial que concede à criança ou ao adolescente uma família e filiação, sem nenhuma distinção entre filhos, independente de serem concebidos biologicamente ou não. Assim, abordarei os filhos do coração, resultantes de um processo de adoção bem sucedido onde as crianças são absorvidas em um lar com muito amor.

O filho é um símbolo do resultado da união entre um casal na constituição de uma família. Um filho do coração é escolhido pelos pais. Nascem a partir dos sentimentos e vêm preencher uma necessidade que temos de amar. Por isso gosto de falar em filho do coração, pois eles vêm do amor e amor nos remete ao coração.

Os filhos não vêm para preencher um espaço vazio dentro de casa como alguém que possui um animal de estimação porque está vivendo muito só e precisa de companhia. Um filho do coração nasce de nossa alma. O filho do coração nos preenche por completo.

Todas as pessoas precisam se preparar para serem pais e mães, independente da maneira de conceber um filho, pelo simples fato de que precisam estar preparadas para amar o novo habitante do lar. O fato de uma criança ter saído da barriga de alguém não é garantia de vínculo amoroso. Não podemos garantir que laços de sangue são garantias de laços familiares. Os laços que unem as famílias não são de sangue, são de amor. O filho concebido pelo coração não é uma obrigatoriedade genética; o do coração é escolhido.

Podemos verificar em nossas famílias. Todos os membros que temos laços de sangue são próximos de nós e nos querem bem? Quantas pessoas que não têm laços de sangue nos querem bem e são próximos de nós? Quem de nós nunca ouviu alguém falar de um grande amigo que é seu irmão? Por isto, afirmo que família requer laço de ternura e não de sangue.

A adoção efetiva-se em muitos casos como consequência de transtornos biológicos, fisiológicos, psicológicos ou até mesmo para quem não tem transtorno algum, por parte dos genitores. Entretanto, a geração biológica de um filho nem sempre ocorre dentro dos padrões ideais de expectativa dos pais. Isso nos leva a crer que, certamente não seria estranho pensar que estes pais podem não amar seu filho por não terem sido planejados, por exemplo, ou por uma gravidez indesejada. Já um filho do coração não tem este "problema". Ele nasce amado, esperado, desejado. Logo, independente da forma de concepção, as crianças são verdadeiramente filhos e podem sofrer exatamente os mesmos "problemas", como veremos nos capítulos posteriores.

Ser do coração é ser colocado na perspectiva de um amor maior, muito bonito, muito nobre. Outro dia, uma mãe comentou comigo: "Maria Júlia não nasceu de mim (da minha barriga), mas nasceu para mim. Sei que foi Deus quem me deu esta filha do coração. Alguém lá do céu trabalhou para que ela fosse minha."

O período de adoção, ou de "gravidez do coração" é um período de planejamento, organização e efetivação de um desejo que deve ser forte para a questão familiar. Deve-se desejar construir uma família com a criança e não simplesmente ocupar um espaço vazio existencial ou afetivo do casal. Este período de gravidez do coração pode ser que dure nove meses, mas pode ser que dure um pouco mais ou um pouco menos. Mas não deixa de ser uma gravidez. E neste planejamento e organização, é que também poderá gerar reflexo na criança com relação à forma de concepção. Os pais devem estar muito bem preparados.

Neste período de espera, neste "pré-natal" da adoção, os pais aprendem a lidar com as idealizações e expectativas com relação à criança. E isso acontece exatamente da mesma forma como em um período de gestação. Durante o período de pré-natal, seja no processo de gestação biológica ou do coração, os pais criam

26 - Filho não é uma Palavra Composta

fantasias e idealizações em relação ao filho que está para chegar. Mas, seguramente, em ambos os casos deve-se ter muito cuidado para não gerar sentimento de rejeição na criança.

Uma criança pode ter o sentimento de rejeição por não ter sido concebida naturalmente, pode sentir frustração, irritabilidade, apreensão, depressão ou sentimento de culpa. Porém, todos estes sentimentos devem obrigatoriamente ser suprimidos de maneira grandiosa pelo amor verdadeiro de seus pais. Obviamente que dependendo da maneira como os pais abordam o assunto em casa, nenhum desses sentimentos irá se aflorar algum dia.

Entretanto, em uma pesquisa realizada pela Universidade de Cádis, na Espanha em 2012, com aproximadamente 300 famílias com filhos concebidos pelo coração, resultou que 92% destas famílias, incluindo os filhos, são felizes com a situação e com a decisão de conceber um ou mais filhos pelo coração.

Assim, podemos verificar que na maioria dos casos podemos perceber que o amor vence a dor e por isso neste livro cito sempre o amor. É muito gratificante saber que existe amor e carinho no coração das pessoas que fazem parte de nosso círculo de amizades verdadeiras, independente de suas ações.

Infelizmente parece que perdura na cabeça das pessoas a necessidade da reprodução como um atestado de capacidade fisiológica. Não se consideram todos os outros laços que, na pessoa humana, ligam os pais a seus filhos. Realmente, das ligações familiares, as mais limitadas são as que se referem aos aspectos genéticos. As relações afetivas constituem o elo da vida.

No seu sentido mais profundamente existencial, o filho do coração surge como um agente de realização e de prazer. Em todos os aspectos, não existem diferenças entre a filiação genética e a adotiva. A filiação por adoção carrega o mito da dúvida sobre o acerto da escolha, levando muitas pessoas a assumirem uma atitude preconceituosa e, portanto, inadequada, sobre o seu futuro. Nada do que é passível de acontecer ao filho do coração deixa de sê-lo, também, ao "filho biológico".

Capítulo 3 - Filhos Concebidos Pelo Coração - 27

Não é uma adoção, uma inseminação ou uma fertilização in vitro, que geram crianças problemáticas, que usam drogas ou qualquer outro problema do cotidiano moderno. Estes fatores não são genéticos e sim decorrentes da forma como estas crianças são criadas e educadas. Estes fatores dependem do amor ou da falta dele e do laço familiar que essas crianças possuem.

Podemos fazer alguns questionamentos: Adolf Hitler era "filho adotivo"? Vamos imaginar se Suzane Von Richthofen fosse uma filha gerada pelo coração? Obviamente que toda a mídia iria dizer que a "filha adotiva" matou os "pais adotivos". Veja a palavra filho sendo tratada de forma composta e de certa forma pejorativa. Mas não, Suzane é uma filha concebida pelos métodos naturais que tramou a morte de seus próprios pais, os quais foram executados de forma brutal. Assim, não podemos realmente generalizar os casos, ou seja, não é a forma da concepção dos filhos que desencadeia se eles possuem "problemas" ou não.

Por outro lado, vamos supor que tenhamos gerado um filho a partir de uma pessoa que ganhou o prêmio Nobel da física, com a Gisele Bündchen. Ele é inteligente e a Gisele é bonita. Mas, misturando os genes dos dois, podemos dizer que o filho gerado será inteligente e bonito? Será que o filho gerado por estes dois vai ser bem sucedido ou vai se envolver com drogas? Obviamente que não podemos responder a nenhuma destas perguntas, pois elas simplesmente não têm respostas. O futuro da criança será baseado na criação, educação e no meio em que ela for inserida.

O ser humano não nasce pronto. Se o meio não alterasse as características das pessoas e tudo fosse somente genética, para o mal ou para o bem, marginal já nasceria pronto e sem possibilidade de melhorar ou de evitar que uma pessoa se torne um marginal, dentre inúmeras outras coisas que poderíamos citar. Felizmente não é isso que acontece. O meio tem muita interferência na formação do ser humano.

Segundo Oscar Schmidt, maior jogador de basquete que o Brasil já teve, não existe talento sem treinamento e que ele

28 - Filho não é uma Palavra Composta

mesmo é fruto disso. Ou seja, ele não nasceu pronto para o basquete. Teve que treinar muito para ter sido o melhor jogador da história brasileira.

Michael Jordan, talvez o melhor jogador mundial de basquete, é famoso também pelo número de horas que permanecia treinando depois de seus companheiros terem ido embora.

Ainda bem que o ser humano é capaz de mudar e aprender. Em consequência, uma tarefa sublime e importante se impõe que é ensinar nossos filhos a valorizarem o saber, o conhecimento, os estudos e a dedicação.

E como disse Laurence Steinberg: *"As pessoas bem sucedidas, por mais talentosas que naturalmente sejam quase sempre trabalham mais e praticam mais do que os colegas. Seus filhos não aprenderam isso ainda, mas é importante que o façam. Ninguém possui tanto talento natural para tudo e seus filhos precisam compreender que para alcançar o sucesso, em qualquer situação, tudo vai depender de dedicação e esforço. Por isso, quando você elogiar as vitórias deles, não se esqueça de valorizar o esforço que fizeram"*.

O papel da hereditariedade pode ser importante em muitos pontos como na definição de cor dos olhos, do cabelo, dentre outras características. Porém, após o nascimento da criança, o meio em que ela viver vai favorecer, ou não, as potencialidades dela. Assim, um meio equilibrado e saudável vai estimular e permitir um desenvolvimento harmonioso. Repare que o papel do meio não está ligado com a genética. Logo, filhos biológicos ou do coração estão sujeitos à mesma influência do meio em que vivem.

Sabemos que a influência do meio é muito maior do que a genética em diversos aspectos por intermédio de muitas publicações científicas. Inclusive, Piaget, em suas obras, cita que a inteligência de uma pessoa está diretamente ligada ao meio em que ela vive e se relaciona. Obviamente que os filhos do coração que estão criados e educados em um meio favorável estão inseridos neste contexto, ou seja, estão sendo criados em um meio que permite seu desenvolvimento, em nada se diferem dos filhos concebidos de outra maneira.

Além disso, ao contrário do que muitas pessoas ainda pensam, podemos perceber o quanto um filho do coração pode e ama seus pais de forma incondicional.

Porém, infelizmente ainda existem muitos mitos com relação à adoção. Abaixo listarei alguns deles que considero importante ressaltar:

1. Todo filho do coração é traumatizado: crianças colocadas para adoção podem ter passado por traumas no passado, mas conseguem superá-los com a ajuda de pais bem orientados.

2. O filho vai querer voltar para a "família biológica": querer conhecer as origens genéticas é um direito da criança, mas é muito raro a criança substituir sua família pelos seus progenitores. Falo isso, pois não acredito em "família biológica". Família tem um conceito muito mais amplo do que somente genética.

3. A genética vai determinar o comportamento da criança: a genética pode gerar uma pré-disposição a alguns pontos relacionados à criança. Mas, o meio em que ela vive, minimiza ou transforma completamente todos estes componentes. Assim, o meio e a forma de educar e criar os filhos são fundamentais para que estes componentes genéticos se manifestem ou não.

4. O filho não amará seus pais por não ter sido gerado por eles: o amor não nasce da genética. Logo, dependendo da maneira que a relação se estabeleça, o amor será evidente.

5. Os pais não conseguirão amar o filho: da mesma forma que a resposta anterior. O amor não nasce da genética. A relação estabelecida entre pais e filhos de forma saudável, com certeza não minimizará o amor

30 - Filho não é uma Palavra Composta

entre essas pessoas, entre essa família, entre os pais e filhos.

6. O filho será discriminado por não ter sido gerado pelos pais do coração: isso sim é um fato que pode acontecer, pois depende de fatores externos. Mas, desde que, bem trabalhado pela família, isso não será problema algum para o desenvolvimento da criança. A força a ser criada nesse vínculo deve ser capaz de lutar pelos direitos da criança e auxiliar na disseminação dos conceitos envolvidos na adoção, além de ser a melhor resposta a qualquer tipo de preconceito e discriminação.

Os compositores Arthur Moreira e Sebastião Moreira da Silva compuseram uma música chamada "filho adotivo", que já foi interpretada por diversos cantores, dentre eles Daniel, Sérgio Reis e Pe. Fábio de Melo. Não os julgo por ter utilizado a palavra composta e nem nenhuma outra pessoa que faça isso. Apenas não acho correto quando a palavra composta é utilizada em tom pejorativo. Esta é a razão da existência deste livro. Não precisamos separar "filhos adotivos" de "filhos biológicos". A palavra filho não é composta. Filho é apenas Filho!

A letra dessa música é excepcional e toca o nosso coração no sentido mais amplo e puro de nossa existência. Ela nos faz refletir o sentido de nossas vidas enquanto pais e enquanto filhos com uma profundidade e simplicidade incrível.

Resumidamente a música conta a história de uma pessoa simples que criou sete filhos. Seis deles eram biológicos e um do coração. Essa pessoa simples inclusive deixou de se alimentar por várias vezes para poder alimentar a todos os filhos.

Eram sete crianças, sete bocas inocentes, pobres, mas felizes. O pai não deixou faltar nada e as crianças foram crescendo e todos os sete se formaram. Foram sete diplomas e muitas lágrimas do pai, de tanta alegria.

Passaram-se os anos e o pai envelheceu, ficou com o corpo surrado de tanto trabalho, com as mãos sem se mexer. Utilizava bengala e tinha ciência que dava trabalho e "atrapalhava" os filhos.

Passou o tempo e ele foi viver em um asilo. E apenas um filho o visitava com certa frequência. De tantas preces que o pai fez esse filho venceu na vida, assim como os outros seis.

Em um belo dia, o pai sentindo-se abandonado, ouviu uma voz: "Pai, eu vim para te buscar. Arrume as malas e venha comigo, pois venci. Comprei casa e tenho esposa e o seu neto vai chegar". O pai chorou de alegria e agradeceu a Deus. Nesse momento o pai aproveitou para pedir a Deus para proteger os outros seis filhos queridos. Porém, quem lhe amparou foi o seu filho do coração que sempre o visitava.

A profundidade da letra desta música é incrível e nos faz refletir muitos aspectos de nossa vida e da concepção de filhos do coração. Devemos todos agradecer aos compositores por esta obra primorosa e escutá-la sempre que possível.

Abaixo, apresento, na íntegra, a letra desta belíssima canção:

"Com sacrifício eu criei meus sete filhos
Do meu sangue eram seis
E um peguei com quase um mês
Fui viajante, fui roceiro, fui andante
E pra alimentar meus filhos
Não comi pra mais de vez
Sete crianças, sete bocas inocentes
Muito pobres, mas contentes
Não deixei nada faltar
Foram crescendo, foi ficando mais difícil
Trabalhei de sol a sol
Mas eles tinham que estudar
Meu sofrimento, ah!, meu Deus valeu a pena
Quantas lágrimas chorei, mas tudo

32 - Filho não é uma Palavra Composta

Foi com muito amor
Sete diplomas, sendo
Seis muito importantes
Que a custa de uma enxada
Conseguiram ser doutor
Hoje estou velho, meus cabelos branqueados
O meu corpo está surrado
Minhas mãos nem mexem mais
Uso bengala, sei que dou muito trabalho
Sei que às vezes atrapalho
Meus filhos até demais
Passou o tempo e eu fiquei muito doente
Hoje vivo num asilo
E só um filho vem me ver
Esse meu filho, coitadinho
Muito honesto
Vive apenas do trabalho
Que arranjou para viver
Mas Deus é grande vai
Ouvir minhas preces
Esse meu filho querido
Vai vencer, eu sei que vai
Faz muito tempo que
Não vejo os outros filhos
Sei que eles estão bem
Não precisam mais do pai
Um belo dia, me sentindo abandonado
Ouvi uma voz bem do meu lado
Pai eu vim pra te buscar
Arrume as malas
Vem comigo, pois venci
Comprei casa e tenho esposa
E o seu neto vai chegar
De alegria eu chorei e olhei pro céu

Capítulo 3 - Filhos Concebidos Pelo Coração - 33

Obrigado meu Senhor a recompensa já chegou
Meu Deus proteja os meus seis filhos queridos
Mas meu filho adotivo
Que a este velho amparou."

E que todos nós sejamos dignos desta letra maravilhosa, composta com amor, mostrando a oportunidade de um filho do coração trazer alegria a um "velho" pai.

Para que o filho veja os pais do coração como os seus verdadeiros pais, nada mais é preciso do que a convivência amorosa, que permite trocas, que proporciona a oportunidade de ouvir e de falar, de tocar e ser tocado, de chorar e ser consolado. Estes são fatos geradores de afeto e amor. Os pais e os filhos devem e precisam ter cumplicidade e amor, não pelo fato da adoção, mas simplesmente pelo fato da relação que se cria, do laço de amor, sem restrições entre pais e filhos.

Um filme lindo que retrata esta troca, este afeto e amor chama-se: "Um Sonho Possível", que cito abaixo a sinopse:

Este filme conta a história do personagem Big Mike: negro, obeso e filho de uma mãe viciada, que não consegue combinar a preocupação de sua próxima dose aos cuidados com os filhos. Marcado pela rejeição, Big Mike cresceu pulando de um lar adotivo para o outro sem nunca encontrar acolhimento verdadeiro. Os vários traumas de sua infância fazem com que ele pareça um grande vazio intransponível. Ele finge indiferença e burrice. Quanto menos envolvimento ele tiver com o que acontece ao seu redor, menor será a dor.

Sua vida começa a mudar quando seu "pai adotivo do momento" decide matriculá-lo em uma escola particular cristã. Mesmo sem notas suficientes para acompanhar o currículo rígido do colégio, ele é admitido pela possibilidade de render algumas vitórias esportivas e também pelo argumento cristão da caridade. No colégio, ele cruza o caminho da família Tuohy, o mais perfeito exemplo do sonho americano: Leigh Anne é a mãe, uma perua rica, mas consciente e de valores cristãos; o pai é Sean, um ex-jogador de basquete, que, ao deixar a carreira por uma lesão, comprou vários restaurantes da franquia de fast-food Taco Bell e vê o dinheiro entrar sem muito esforço; e seus dois adoráveis filhos.

Ao encontrar Big Mike sozinho na rua em uma noite fria, Leigh Anne decide simplesmente levá-lo para sua casa e dar-lhe uma cama, comida e basicamente tudo que ele nunca teve: uma família estruturada. Compreendemos o passado sofrido do garoto mesmo sem as cenas de violência - desnecessárias, uma vez que as feridas emocionais estão impressas no corpo do personagem. Os Tuohy, então, o acolhem, acreditam em seu potencial e incentivam seu desempenho nos esportes, pagam uma professora para que ele melhore na escola e, assim, Big Mike vislumbra a possibilidade de cursar uma universidade e jogar futebol americano profissionalmente. Como força motriz deste processo de superação está Sandra Bullock, lutando até quando o próprio Big Mike pensa em desistir.

Temos aqui uma história de amor. Não o amor romântico vivido tantas vezes em outros filmes, mas sim um amor maior, sublime, que está disposto a se doar ao próximo sem esperar nada em troca. Leigh Anne luta até conseguir que Big Mike consiga entrar para a liga de futebol americano. A família Tuohy foi a família do Big Mike, pela doação, pelo amor que lhe foi entregue.

No filme, cuja sinopse foi apresentada acima, em momento algum a personagem principal quis fazer caridade. Ela realmente viu o garoto e se apaixonou por ele de imediato. Ao se conceber um filho do coração, da mesma forma, em momento algum se deve pensar em caridade.

Um filho do coração não existe para resolver problemas sociais e de carência de ninguém. Em grande parte dos casos, não são os pais que estão fazendo "caridade" em adotar a criança. Os pais estão tendo a oportunidade de serem felizes ao lado de crianças muito especiais que vieram ao mundo para darem amor e

Capítulo 3 - Filhos Concebidos Pelo Coração - 35

para serem amadas. São as crianças que estão fazendo "caridade" aos seus pais.

O amor é insuperável, é um amor que não se mede. Você não adota para ser bonzinho e para resolver um problema social. Você adota porque quer constituir uma família completa. E o grande motivo de algum preconceito que ainda existe é fundamentalmente por isso, pois as pessoas não entendem os verdadeiros motivos de se conceber um filho do coração.

No processo de adoção, um dos primeiros passos a ser investigado deve ser o motivo pelo qual se deseja conceber um filho do coração. Muitos assim escolhem pela impossibilidade de ter filhos concebidos de forma natural; pela impossibilidade de ter filhos concebidos por inseminação ou por fertilização in vitro, por não terem condições financeiras de realizarem estes tratamentos médicos; medo da solidão; necessidade de serem importantes; na esperança de "salvar" seus casamentos; para sentirem-se mais incluídos numa sociedade que cobra filhos das relações; no desejo de aplacar ausências ou "impedir" sofrimentos causados por perdas; dentre diversos outros fatores. Outras muitas pessoas o fazem, mesmo já tendo filhos concebidos biologicamente. Dessa forma, vale ressaltar que não são fatores excludentes, ou seja, não podemos dizer que uma pessoa apenas deseja ser pai de filhos do coração quando não o podem conceber biologicamente ou através da reprodução assistida. Assim, concebendo um filho do coração, faz-se necessário da mesma forma que este tenha uma criação e educação baseada em diversos princípios éticos e do bem.

Entretanto, um ponto de grande importância é identificarmos a diferença entre criar e procriar. Segundo Luiz Schettini Filho, "Procriar é uma condição dada pela natureza; criar é uma responsabilidade no âmbito da ética entre os homens. Procriar é um momento; criar é um processo. Procriar é fisiológico; criar é afetivo. A adoção de uma criança se insere na atitude e nos atos de criação no sentido físico e afetivo. O filho, que era sonho, e por

36 - Filho não é uma Palavra Composta

ser sonho, tinha a condição fundamental de ser realidade, firma-
-se como filho, não pelo processo biológico e fisiológico do nascimento, mas pela adoção afetiva dos pais que, incondicionalmente
o amam". Logo, procriar, em momento algum, é garantia de
amor. Procriar não é garantia de família estável. Então, o que é
mais importante? Criar ou procriar? Não adianta procriar se não
souber criar e se não houver amor. Assim, um filho deve ser bem
criado e educado.

Abaixo, cito alguns excelentes motivos para que você possa
conceber um filho pelo coração:

1. Realização familiar: o casal que se ama imensamente
   e deseja criar uma família baseada no amor incondicional, está preparado para conceber um filho pelo
   coração, recebendo um amor puro e verdadeiro.

2. Projeto de vida: para muitos, para ser bem sucedido
   não basta ter sucesso profissional, comprar casas e
   apartamentos, se não forem pais e mães. Para muitos
   destes, o projeto de concepção de filhos do coração é
   excepcional, uma vez que os filhos podem ser inseridos em um contexto familiar propício para uma boa
   criação e educação que lhe são necessários.

3. Amor incondicional: muitas famílias amam incondicionalmente o próximo e amar ao próximo é o primeiro passo para amar seus filhos. E amar seus filhos
   incondicionalmente nos remete ao amor independente
   da forma de concepção dos mesmos.

Após optar por conceber um filho pelo coração, o casal já
pode ir se preparando para outro momento difícil que é a questão
de revelar ou não ao filho a maneira que ele foi concebido. Muitos
pais adiam esta situação por não saberem lidar com ela, por acha-
rem que o filho não tem condições de compreender a situação ou
por medo do impacto dessa notícia. Alguns têm medo de serem
rejeitados após noticiarem ao seu filho que ele foi concebido pelo
coração e este fato gerar o desejo de ele conhecer as pessoas que

o geraram biologicamente. Muitos casais têm medo de serem menos amados após a notícia. Porém, é preciso respeitar e considerar o direito da criança de saber a história dela.

Uma parcela dos filhos do coração, que não souberam da verdade, tem algum transtorno psicológico. Entretanto, quando a verdade de sua história é contada de maneira sutil e gradativa, desde a infância, esses filhos não apresentam problema algum. Ao contrário, perceberão que o amor dos pais por ele é enorme. Por isso a necessidade também de se ter um lar harmonioso, saudável e com amor. Essas crianças, com certeza, estarão inseridas em um ambiente repleto de amor e carinho, desejarão continuar nele e terão a certeza de quem são realmente seus pais. Terão a certeza de que seus verdadeiros pais são aqueles que os conceberam pelo coração.

Na relação entre pessoas que se amam, o segredo dificulta a expansão do afeto e constrói, de forma imperceptível, barreiras que, quando descobertas, nos amedrontam e nos deixam impotentes para viver uma relação honesta de amor. O receio da mudança não vale a perda da convivência, porque numa relação afetiva, as mudanças são parte da sua dinâmica. Não podemos agir com silêncio ou com fuga diante do fato de que a revelação é um direito do outro ser, por mais difícil que seja a abordagem sobre o assunto. É direito da criança saber sobre sua origem. Cabe a ela decidir se vai querer se aprofundar no assunto ou não, no seu devido momento, quando ela já tiver discernimento dos fatos e conseguir compreender a profundidade do assunto em questão.

Ter medo da mudança é ter medo da vida. A verdade é o fundamento sobre o qual se ergue qualquer relacionamento amadurecido. A relação entre as pessoas começa a se deteriorar a partir do momento em que elas escondem a verdade umas das outras. O silêncio sobre a verdade é o mesmo que a mentira, porém, avaliado de outro ângulo. E a mentira distancia as pessoas, enquanto a verdade os une. A verdade não machuca quando vem com afeto.

38 - Filho não é uma Palavra Composta

Quem ama deseja sempre a verdade, pois ela é a garantia de estar sendo respeitado. Quem sabe sempre da verdade, sem mistérios, tem maior segurança no relacionamento. Dizer ao filho a verdade sobre história dele é mais fácil que negá-la ou desfigurá-la, exigindo uma perícia que os mentirosos não possuem. Não basta simplesmente dizer a verdade, é preciso que ela seja bem dita e nos momentos corretos.

Toda criança em algum momento da vida pergunta aos pais de onde ela veio. E nesse caso, deve-se sempre dizer a verdade e saber contar toda a história da criança, de maneira sutil e sincera. É preciso transmitir confiança, segurança e tranquilidade. Além disso, os pais devem ser as primeiras pessoas a conversarem com seus filhos a respeito desse assunto, mostrando, assim, que ela faz parte da família.

Existem diversas formas de contar a seus filhos como eles foram concebidos, independente da maneira. Assim, irei contar uma história abaixo que pode auxiliar nesse processo.

Lá no céu vivem muitas crianças felizes que ficam brincando o momento todo. Dentre essas crianças, existia uma menina muito especial, muito bonita, esperta e inteligente. Esta menina percebeu que muitas de suas amiguinhas e amiguinhos desapareciam enquanto brincavam. Como essa menina era muito inteligente e esperta, ela foi perguntar ao "Papai do Céu" o que acontecia com seus amiguinhos.

- Papai do Céu?

- Sim, minha filha.

- Porque meus amiguinhos desaparecem quando estou brincando com eles?

- Eles desaparecem, minha filha, porque estão indo para a terra para nascerem lá.

- Mas porque eu ainda não desci para nascer?

- Minha Filha, você é muito especial e eu estou escolhendo bem uma mãe e um pai para você.

Capítulo 3 - Filhos Concebidos Pelo Coração - 39

- Papai do Céu, posso escolher meu papai e minha mamãe?

- Pode sim minha filha, respondeu o Papai do Céu.

A partir deste momento, essa criança saiu de perto do Papai do Céu a procura de um pai e uma mãe para ela. Mas, estava difícil escolher no meio de tanta gente. Entretanto, em um determinado dia ela viu uma mulher rezando aqui na terra dizendo assim:

- Papai do Céu, envie um filhinho para mim. Eu sei que não consigo ter um filho nascido de minha barriga. Mas mesmo assim, envie um filho para mim. Eu vou amá-lo com toda a força do meu coração. Ele vai ser filho do meu coração e do coração do meu marido. Por favor, Papai do Céu.

A menina ao ouvir as palavras tristes daquela mulher foi ao encontro do Papai do Céu.

- Papai do Céu, encontrei uma mamãe e um papai para mim. Veja com seus olhos!

O Papai do Céu depois de olhar disse:

- Minha filha, esta mamãe que você escolheu não pode conceber você na barriga dela.

- Por favor, Papai do Céu. Ela vai me amar tanto!

- Tudo bem, minha filha, eu posso dar um jeito. Eu escolherei uma mulher para você crescer na barriga dela e vou avisar a mamãe que você a escolheu para quando você nascer, ela ficar sabendo do seu nascimento e ir ao seu encontro, para lhe buscar.

E assim foi feito, após toda a gestação, o Papai do Céu informou à mamãe do coração que sua filha havia chegado. Assim, a família ficou muito feliz e com muito amor educaram e criaram sua filha para que ela fosse uma menina do bem.

Perceba que forma sutil e linda de se apresentar um fato real, sem nenhum transtorno. Além disso, não há necessidade alguma de se ter vergonha, basta ser sincero e verdadeiro. E essa necessidade de ser sincero e falar a verdade é muito grande, pois necessitamos fortalecer os filhos do coração, para que eles saibam enfrentar os preconceitos. Na escola, por exemplo, muitas crianças poderão fazer comentários desnecessários e nossos filhos precisam estar preparados para isso. Mas, é claro que o preconceito da sociedade é muito maior do que o da sala de aula. Sabemos que um filho concebido pelo coração vai sentir preconceito um dia. Quem me dera se isto não acontecesse! Seria uma grande vitória. Porém, cabe aos pais deixar os filhos fortes e seguros para enfrentar essas adversidades.

O Padre Fábio de Melo outro dia respondeu a um questionamento muito profundo de um telespectador em um programa da TV Canção Nova e, independente de sua religião, merece ser interpretado. O telespectador questionou: - Padre, por que na oração do Credo fala que Jesus é o único filho de Deus, mas somos tratados como seu irmão?

Vamos recordar a oração do Credo: "Creio em Deus Pai todo poderoso, criador do céu e da terra. Creio em Jesus Cristo seu único filho...."

Nessa oração, podemos perceber claramente que Jesus Cristo é tratado como único filho de Deus. O Padre Fábio de Melo respondeu que realmente Jesus é o único filho de Deus, mas que no batismo também somos mergulhados na filiação de Deus. Passamos a ser filhos do coração de Deus. Perceba a profundidade desta informação, independente de sua religião e de sua crença. Partindo deste pressuposto, todos nós que cremos em Deus somos irmãos do coração, pois temos amor ao nosso Pai. E mais, se Deus é pai de Jesus Cristo, Maria é mãe de Jesus Cristo, então, quem seria José? José foi marido de Maria e "pai adotivo" de Jesus.

Todos nós somos filhos biológicos, independente se a concepção foi pelo método natural ou por reprodução assistida, porque essa é a única maneira de existirmos. Porém, todos nós somos filhos do coração, pois essa é a única forma de sermos verdadeiramente filhos de Deus, conforme resposta do Pe. Fábio de Melo.

Afinal, o que é ser mãe e o que é ser pai? O que é família? Todos esses pontos vêm à tona quando lemos e vemos assuntos relacionados a certo grau de preconceito com relação à adoção de crianças. Teoricamente não deveria e nem precisaria estar escrevendo tudo isto, se todos tratassem tudo de forma muito natural. Se não existisse preconceito, com certeza este livro não existiria. Todas as pessoas deveriam ter conhecimento sobre o que é conceber um filho pelo coração, para entender esta maneira de concepção de filhos, e poderiam multiplicar este conhecimento para toda a sociedade como realmente é: um encontro de amor. Se os laboratórios conseguissem realizar exame de DNA de alma, com certeza iriam conseguir identificar que os filhos concebidos pelo coração, com amor, são compatíveis com os pais.

Entretanto, o ser humano é cruel. Eles tentam ser superiores aos outros de qualquer maneira, seja financeiramente, seja psicologicamente e até mesmo no fato de poder gerar um filho ou não. O fato é que muitas pessoas ainda têm muito preconceito com relação à adoção. Por isso muitos pais não falam muito sobre o assunto para proteger seus filhos. Mas outros, não têm receio, pois um filho do coração é filho como outro qualquer.

Outro dia escutei algumas palavras de um palestrante fazendo uma piadinha de extremo mau gosto, dizendo assim: "mas também, se não consegue nem fazer filhos, o que esperar deste homem? Deve ser outra coisa, menos homem." Veja que esta colocação foi muito infeliz tanto pelo fato de menosprezar os homens que não podem procriar quanto aos homossexuais. Neste caso, dupla discriminação.

Os casos de preconceitos não são raros. Durante a "gravidez do coração", ou seja, a partir do momento em que o casal decide iniciar o processo de adoção muitas pessoas começam a fazer questionamentos indiscretos.

Assim, podemos começar a citar uma série de discriminações que tanto os pais quanto os filhos sofrem no decorrer do tempo.

42 - Filho não é uma Palavra Composta

Porém, em muitos desses casos, as respostas podem estar prontas, como exemplificarei abaixo.

Os primeiros questionamentos que são feitos são em relação à esterilidade do casal.

- Quem é estéril, você ou o seu marido?

A família também ajuda, ou atrapalha. Nesses casos, a família do homem acha que o casal não tem filhos por causa da mulher e a família da mulher acha que o casal não tem filhos por causa do homem. Entretanto, isso acontece apenas em famílias onde as informações não são repassadas de forma clara e objetiva. De qualquer maneira, quanto mais o tempo passa e a gravidez não acontece, os questionamentos aumentam.

Outros questionamentos não menos inoportunos são:

- Você não conhece a genética da criança que irá adotar. Tem certeza que realmente vai fazer isto?

A resposta que você pode dar é: conheço a carga genética da minha família: problemas no coração, hipertensão, bipolaridade, diabetes, câncer e diversas outras questões estéticas como nariz grande, problemas de visão, pernas tortas, cabelo ruim, dentre outras. Que sorte que meu filho não terá esses problemas, não é?

- Você não conhece a índole desta criança. Vai que ela se revolta contra você em algum dia no futuro?

A resposta pode ser: realmente isto pode acontecer. Vai que ela resolve chamar o namorado para me matar a pauladas. Ah, esqueci, quem faz isto é filho biológico, não é verdade?

- Este menino é seu filho de criação?

A resposta: é sim, todos os meus filhos são de criação, pois eu crio todos eles de forma igual, sem diferença alguma.

- Você pegou este menino para criar?

Resposta: peguei sim, assim como peguei meus outros filhos quando saíram da minha barriga.

- Você deve ter algum bloqueio psicológico que impede a gravidez?

Resposta: Claro, como não pensei nisto antes! Você tem toda razão, tem tudo a ver o fato psicológico com a fertilização!

- Adota que você engravida!

Resposta: Claro. Isto tem todo o fundamento do mundo. Imagina se tem influência a adoção na gestação.

- Deus tem outros planos para você. Com certeza ele não quer que você tenha filhos.

Resposta: Sério! Ele te falou isto?

- Você tem a maior sorte de não ter filhos.

Resposta: Com certeza. Tento engravidar e tenho sorte por não conseguir.

Outro dia, uma mulher que já era mãe do coração, sofreu um aborto espontâneo e natural. Uma das pessoas que tentou trazer palavras de consolo disse: "Eu tenho certeza que você ainda será mãe e terá um filho seu". Mas a resposta veio de imediato: "Eu já sou mãe e tenho uma filha maravilhosa. Infelizmente apenas não consegui concluir a gestação e ter meu segundo filho".

Vou citar outra discriminação verídica. Vou utilizar dois nomes aleatórios apenas para facilitar a compreensão do diálogo. Na comemoração do dia dos pais, Mario telefonou para seu amigo João para lhe parabenizar pelo dia importante, afinal, João era pai de dois filhos. João prontamente atendeu a ligação e agradeceu pelos cumprimentos. Porém, soltou uma frase que ninguém poderia imaginar. "Mario, que neste dia, seu filho também possa fazer você se sentir pai de verdade". Mario, desconversou, desligou o telefone e pensou: isto deve ter sido alguma piadinha de mau gosto. É claro que o Mário é pai de verdade, pois ele tem um filho. Não existe pai de mentirinha, ou vivemos em algum conto de fadas onde temos personagens verdadeiros e personagens ocultos? Nese caso, o filho do coração não seria filho e precisaria de alguma mágica para se tornar filho de verdade? Quanta ignorância!

Outros comportamentos discriminatórios:

44 - Filho não é uma Palavra Composta

Uma pessoa já tinha três filhos e resolveu ter mais um do coração. Um "amigo" de trabalho disse ao outro: nossa, mas você é muito corajoso em adotar uma criança. Você já tem três filhos! Só que esse "amigo" também tinha quatro filhos. Será que ele não pensou que ele também foi corajoso?

Uma pessoa foi visitar uma família que acabara de conceber um filho do coração. Esta família era bem sucedida financeiramente. Esta pessoa que foi visitar a família soltou algumas palavras completamente inoportunas e inverídicas: "que sorte teve esta criança, vai ter uma vida de príncipe!" Muito infeliz esta frase. Foram os pais que tiveram muita sorte em poder receber a graça Divina de ter um filho lindo e cheio de amor para dar. Além disso, não é o fato da família ter dinheiro que a deixa melhor, para falar que uma pessoa tem sorte ou não. Afinal, o que é sorte? Será que esta família não deve ter trabalhado duro para possuir alguns bens? Ou todas as pessoas do mundo que possuem bens acertam os números da loteria?

Assim, o mais importante nesses comportamentos é que os pais e os filhos já estejam preparados para estas situações e devem sempre afirmar que não existe nenhuma diferença entre filhos pelo simples método que eles foram concebidos. Deve-se corrigir toda e qualquer expressão de emoções que sejam incômodas sobre adoção, destacando sempre o lado positivo. E mais, faça questão de se sentir ofendido quando alguém utilizar palavras como "pais verdadeiros" se referindo aos progenitores. Com toda certeza isto é uma rejeição pessoal contra os pais e contra seu filho. Mas, não brigue, eduque! Ensine a estas pessoas conceitos e emoções diferentes e grandiosas. Lembre-se sempre que filho não é uma palavra composta. Filho é apenas Filho!

O mais curioso de tudo é que ninguém faz esses mesmos comentários maldosos para as gestantes. Ninguém pergunta se a mulher não tem medo de morrer no parto ou da criança nascer com problemas genéticos ou alguma doença grave. Nunca se pensa no pior. Ninguém pergunta à gestante se ela não tem medo de sofrer um aborto. As críticas com certeza ferem tanto os pais quanto os filhos, mas não podemos deixar que essas críticas se tornem fruto de preconceito.

Portanto, podemos perceber que o ser humano é por natureza malicioso e tenta diminuir as outras pessoas, mesmo que involuntariamente. Entretanto, para ser pai e ser mãe "é preciso ter força, é preciso ter raça, é preciso ter gana sempre", como diz Milton Nascimento na letra de sua música Maria, Maria. Toda esta força deve vir do coração e da segurança da família estruturada. Do amor dessa família com a criança e do amor da criança pelos pais. Assim, nada os abalará.

Os pais e as crianças poderão dar respostas a todos esses atos de discriminação. Na verdade, eu até acho que seja obrigatória a resposta. Se uma pessoa não tem discrição e educação para falar "besteira", porque as crianças e os pais não poderão responder à altura? Por outro lado, quando alguém discrimina, esse alguém é muito inferior e possui alma pequena. Devemos, então, falar algumas coisas com educação, nem que seja para melhorar a cultura e ensinar alguns conceitos a outra pessoa. É um bem que fazemos à humanidade.

Astrid Fontenelle, apresentadora de TV, disse outro dia que sofre preconceito por parte da mídia e que não quis fazer caridade quando resolveu conceber um filho pelo coração. "Sinto preconceito principalmente por parte da mídia. Em toda matéria que eu apareço com meu filho, está no título: Astrid e seu "filho adotivo" passeiam no shopping. Não tem porque dizer que ele é adotado nestas situações. Eu estou na praia, no aniversário de fulano de tal, é irrelevante saber se ele é adotado; não é uma matéria de adoção. Não dizem: fulana está com seu filho de inseminação artificial. No documento dele não está que ele é adotado. Está aqui que é meu filho. Trato como preconceito porque os jornalistas estão adjetivando sem necessidade. Não passo por outras situações de preconceito, pelo contrário, o fato de eu ter adotado uma criança parece que me transformou em uma pessoa

46 - Filho não é uma Palavra Composta

melhor para outras pessoas. Dizem: que linda sua atitude. Mas eu não fiz nenhuma benevolência. Não sou melhor do que ninguém. Não fiz caridade. Eu queria ter um filho e este só foi o método que escolhi para mim."

Toda esta fala da Astrid é o escopo principal deste livro. Filho não é uma palavra composta, não precisa ser adjetivada. Filho é apenas Filho!

Entretanto, alguns destes preconceitos acontecem inclusive com filhos concebidos naturalmente. Não é raro escutar: "você só pode ter puxado a família do seu pai que não presta". Veja que isso também é um preconceito. A família da pessoa que diz uma coisa dessas, sem dúvidas, é perfeita. Isso apenas nos mostra o despreparo de muitos pais para amar, para respeitar os limites, os erros e os defeitos do outro ser humano, mesmo que seja seu filho. Todos nós temos defeitos e além do mais, o que é defeito para uma pessoa pode não ser para outra. Logo, para muitos, é mais fácil culpar o outro, a outra família, a genética, do que assumir os próprios erros na criação e educação dos filhos, pois muitos de nós achamos que somos perfeitos.

De outro ângulo, podemos perceber que vivemos em um mundo onde se prega o respeito pelos direitos humanos. Mas por desconhecimento ou perda dos principais valores que devemos possuir os direitos humanos jamais foram tão violentados como estão sendo atualmente em nossa sociedade.

Infelizmente estamos vivendo a era da ditadura da beleza. O que é ser belo? Muitos têm o conceito de belo como sendo o padrão estabelecido pela sociedade naquele momento. O padrão de beleza para uma mulher hoje é determinado pela sociedade de hoje, assim como o padrão de beleza para uma mulher na década de 50 era o estabelecido pela sociedade daquela época. Uma pessoa amputada de um membro não é bela, pois foge do padrão. Uma criança só é bela se for concebida pelos métodos naturais. Ou seja, o "diferente" não é belo, é vítima da sociedade por discriminação e preconceitos.

De acordo com o artigo 227 da Constituição Federal: "É dever da família, da sociedade e do Estado assegurar à criança e ao adolescente, com absoluta prioridade, o direito à vida, à saúde, à alimentação, à cultura, ao lazer, à profissionalização, à cultura, à dignidade, ao respeito, à liberdade e à convivência familiar e comunitária, além de colocá-los a salvo de toda forma de negligência, discriminação, exploração, violência, crueldade e opressão". Perceba que qualquer ato discriminatório contra os filhos do coração ou contra a família é crime.

Também podemos falar de mais alguns fatos que merecem relevância nos dias atuais, que são motivados pelo avanço da medicina e pelas técnicas de reprodução assistida. Hoje em dia, escutamos muitas mulheres dizerem que querem ser mães sozinhas, que não querem casar e muito menos ter marido, mas querem ter filho. Assim, elas procuram uma clínica especializada, adotam um esperma (de um banco de sêmen) para fecundarem seus óvulos e fazem todo o trabalho de fecundação in vitro ou adotam um embrião e fazem a transferência para seu útero.

Perceba que isto é plenamente possível nos dias atuais; porém, há alguns anos isso poderia fazer parte de algum filme de ficção científica. Era difícil imaginar que um dia isso seria possível. Na verdade, todas estas informações devem parecer um misto de ficção científica com um conto de fadas. Mas, nossa vida é justamente isso. Perceba também, de forma bastante clara, que a escolha de uma mulher sozinha em ter um filho, também é um caso de adoção. Porém, utilizam a reprodução assistida e a mãe gera a criança. A única diferença está na geração. Este caso é menos preconceituoso por uma parte da população, pois as pessoas veem a mulher grávida. Ela irá parir. E isso a faz diferente. Obviamente, que para esta parcela da população.

Outro ponto que devemos questionar é que nos dias atuais, o adultério feminino tem crescido muito, por diversos fatores, que fogem do escopo deste livro em sua maior parte, mas em um item não, que é a perda da união familiar e do amor. Porém, o

48 - Filho não é uma Palavra Composta

resultado dessa traição muitas vezes pode ser a geração de uma criança fruto do adultério. Assim, alguns maridos estão criando e educando crianças que dizem serem seus filhos concebidos de maneira natural. Porém, mesmo sem saber, este filho foi concebido pelo coração, por parte do marido. Em alguns casos a mulher realmente não sabe se o marido é quem concebeu naturalmente o filho ou se foi o homem com o qual ela traiu seu esposo. Mas em boa parte dos casos, a mulher sabe e não conta a verdade para o marido. Assim, os pais estão criando filhos não concebidos naturalmente por eles em sua plenitude, sem nem estarem sabendo. Logo, estão sendo "pais adotivos" sem nem saberem e isso não faz com que eles amem menos o filho e o filho ame menos o pai. Será que o amor somente mudará se o pai souber da verdade?

Isto só ocorre, obviamente, em lares que já estão destruídos, em famílias que já não existem mais e que somente os casais não enxergam isso. Em famílias, em lares, onde realmente existe amor, nunca haverá adultério, nunca haverá traição, nem em pensamento, nem de fato.

Além do adultério, devemos considerar os poucos casos, cada vez mais raros, mas que ainda existem que é a troca de bebês na maternidade. Quando existe esta troca, casais criam filhos que não foram concebidos biologicamente e nem por isso deixam de amar a criança. Será que é apenas pelo fato de não saberem que não são filhos concebidos pelo método natural que fazem os pais amarem seus filhos? Ou será que é a convivência diária, o sorriso do bebê, a doação, a entrega e os laços que são criados?

Devemos também agradecer às mulheres que doam suas crias para famílias poderem ter seus filhos. É como se existissem mulheres geradoras de crianças para outras famílias. Elas não podem ser menosprezadas. Em uma parte dos casos, elas podem estar fazendo um gesto de amor tanto para a criança quanto para a família da criança, pois caso contrário ela poderia ter abortado, apesar da prática do aborto ser proibida no Brasil.

Capítulo 3 - Filhos Concebidos Pelo Coração - 49

Devemos ponderar também a relação da igreja católica com relação à adoção. Sabemos que a Igreja é contrária à ciência da reprodução assistida, mas sempre se manifestou favorável à adoção, especialmente em casos em que as famílias não podem gerar filhos de maneira natural. Porém, sabemos que não podemos nos restringir a estes casos. Diversas vezes o Papa João Paulo II se posicionou a esse respeito. "As famílias cristãs saberão viver uma maior disponibilidade em favor da adoção e do acolhimento de órfãos ou abandonados. Essas crianças, encontrando o calor afetivo de uma família, podem fazer uma experiência da carinhosa e da provida paternidade de Deus e crescer com serenidade e confiança na vida.

(...) Os cônjuges que vivem a experiência da esterilidade física saberão inspirar-se nesta perspectiva, para todos rica de valor e de empenho. As famílias cristãs, que na fé reconhecem todas as pessoas como filhas do Pai comum dos céus, irão ao encontro dos filhos gerados por outras pessoas, sustentando-os e amando-os não como estranhos, mas como membros da única família dos filhos de Deus. Os pais cristãos terão assim oportunidade de alargar o seu amor para além dos vínculos da carne e do sangue, alimentando os laços que têm o seu fundamento no espírito e que se desenvolvem no serviço concreto aos filhos de outras famílias, muitas vezes necessitadas até das coisas mais elementares".

Inclusive o Papa João Paulo II, encontrou-se especialmente com algumas famílias que adotaram filhos por intermédio das Missionárias da Caridade, fundada por Madre Teresa de Calcutá. Dentre outras coisas, ele disse:

"Entre as obras surgidas no coração de Madre Teresa, uma das mais significativas é o movimento para a adoção... Adotar uma criança é uma grande obra de amor. Quando ela se realiza, dá-se muito, mas também se recebe muito. É uma verdadeira comunhão de bens". (Discurso do Santo Padre Papa João Paulo II aos

50 - Filho não é uma Palavra Composta

participantes no Encontro Jubilar das Famílias Adotivas promovido pelas Missionárias da Caridade, Set/2000).

"Nos dias atuais, infelizmente, também neste âmbito, não são poucas as contradições. Perante muitas crianças que, pela morte ou a inabilidade dos pais, ficam sem família, há muitos casais que decidem viver sem filhos por motivos não raro egoístas. Outros se deixam desencorajar por dificuldades econômicas, sociais ou burocráticas. Outros ainda, desejosos de ter um filho "próprio", vão ao encontro do que a ciência médica pode assegurar à procriação, utilizando práticas de reprodução assistida. Diante dessas tendências, é preciso reafirmar que as indicações da lei moral não se resolvem com princípios abstratos, mas tutelam o verdadeiro bem do homem, e neste caso o bem da criança, em relação aos interesses dos próprios pais", também disse o Papa João Paulo II.

Outras palavras do papa João Paulo II são: "Adotar crianças, sentindo-as e tratando-as como filhos, significa reconhecer que as relações entre pais e filhos não se medem somente pelos parâmetros genéticos. O amor que gera é, antes de mais nada, um dom de si. Há uma "geração" que vem através do acolhimento, da atenção, da dedicação. A relação que daí brota é tão íntima e duradoura, que de maneira nenhuma é inferior à que se funda na pertença biológica."

Entretanto, não podemos ficar presos apenas às palavras do papa João Paulo II. Devemos ter nossas próprias atitudes baseadas no amor, pensando no bem estar da criança sempre e sem esquecer os direitos apresentados abaixo:

Assim, independente da forma de concepção dos filhos, os pais e a sociedade devem estar atentos aos Direitos da Criança. Abaixo cito a Declaração dos Direitos da Criança.

1º Princípio - Todas as crianças são credoras destes direitos, sem distinção de raça, cor, sexo, língua, religião, condição social ou nacionalidade, quer sua ou de sua família.

Capítulo 3 - Filhos Concebidos Pelo Coração - 51

2° Princípio - A criança tem o direito de ser compreendida e protegida, e devem ter oportunidades para seu desenvolvimento físico, mental, moral, espiritual e social, de forma sadia e normal e em condições de liberdade e dignidade. As leis devem levar em consideração os melhores interesses da criança.

3° Princípio - Toda criança tem direito a um nome e a uma nacionalidade.

4° Princípio - A criança tem direito a crescer e criar-se com saúde, alimentação, habitação, recreação e assistência médica adequada, e à mãe devem ser proporcionados cuidados e proteção especiais, incluindo cuidados médicos antes e depois do parto.

5° Princípio - A criança incapacitada física ou mentalmente tem direito à educação e cuidados especiais.

6° Princípio - A criança tem direito ao amor e à compreensão, e deve crescer, sempre que possível, sob a proteção dos pais, num ambiente de afeto e de segurança moral e material para desenvolver a sua personalidade. A sociedade e as autoridades públicas devem propiciar cuidados especiais às crianças sem família e àquelas que carecem de meios adequados de subsistência. É desejável a prestação de ajuda oficial e de outra natureza em prol da manutenção dos filhos de famílias numerosas.

7° Princípio - A criança tem direito à educação, para desenvolver as suas aptidões, sua capacidade para emitir juízo, seus sentimentos, e seu senso de responsabilidade moral e social. Os melhores interesses da criança serão a diretriz a nortear os responsáveis pela sua educação e orientação; esta responsabilidade cabe, em primeiro lugar, aos pais. A criança terá ampla oportunidade para brincar e divertir-se, visando os propósitos mesmos da sua educação; a sociedade e as autoridades públicas empenhar-se-ão em promover o gozo deste direito.

8° Princípio - A criança, em quaisquer circunstâncias, deve estar entre os primeiros a receber proteção e socorro.

52 - Filho não é uma Palavra Composta

9º Princípio - A criança gozará proteção contra quaisquer formas de negligência, abandono, crueldade e exploração. Não deve trabalhar quando isto atrapalhar a sua educação, o seu desenvolvimento e a sua saúde mental ou moral.

10 º Princípio - A criança deve ser criada num ambiente de compreensão, de tolerância, de amizade entre os povos, de paz e de fraternidade universal e em plena consciência que seu esforço e aptidão devem ser postos a serviço de seus semelhantes.

A música "Caminhando e Cantando", composta por Ivan Lourenço, pode nos mostrar alguns detalhes importantes também sobre todo o processo de adoção. Esta obra prima me faz refletir e pensar em muitas coisas: Somos todos iguais, braços dados ou não, biológicos ou não. Então vem, vamos embora, vamos criar, vamos adotar e esperar para quê? Vamos fazer acontecer. No mundo todo, vemos fome, vemos guerra, vemos luta, mas devemos ver amor, na flor no mais nobre refrão. Acreditamos no amor da família frente aos canhões da vida, onde os pais com muito amor ensinarão seus filhos a lutar ensinando cada dia uma nova lição. E quem sabe faz a hora e não espera acontecer. Quem sabe busca ser feliz e não espera seu sonho simplesmente acontecer do nada. Devemos buscar nossos sonhos.

Abaixo apresento a letra na íntegra para que você possa meditar sobre o significado destas lindas palavras.

"Caminhando e cantando e seguindo a canção,
Somos todos iguais braços dados ou não,
Nas escolas, nas ruas, campos, construções,
Caminhando e cantado e seguindo a canção,
Vem, vamos embora que esperar não é saber,
Quem sabe faz a hora, não espera acontecer,
Pelos campos a fome em grandes plantações,
Pelas ruas marchando indecisos cordões,
Ainda fazem da flor seu mais forte refrão,
E acreditam nas flores vencendo o canhão,

Capítulo 3 - Filhos Concebidos Pelo Coração - 53

Vem, vamos embora que esperar não é saber,
Quem sabe faz a hora, não espera acontecer,
Há soldados armados, amados ou não,
Quase todos perdidos de armas na mão,
Nos quartéis lhes ensinam uma antiga lição:
De morrer pela pátria e viver sem razão,
Vem, vamos embora que esperar não é saber,
Quem sabe faz a hora, não espera acontecer,
Nas escolas, nas ruas, campos, construções,
Somos todos soldados, armados ou não,
Caminhando e cantando e seguindo a canção,
Somos todos iguais, braços dados ou não,
Os amores na mente, as flores no chão,
A certeza na frente, a história na mão,
Caminhando e cantando e seguindo a canção,
Aprendendo e ensinando uma nova lição,
Vem, vamos embora que esperar não é saber,
Quem sabe faz a hora, não espera acontecer."

Perceba a profundidade da letra. Uma letra e uma música ímpar que nos remete a diversos pontos de nossa vida, principalmente relacionados ao nosso futuro, nossa capacidade de lutar por nosso desejo de ser pai, independente da forma de concepção dos filhos, lutando com todas as forças.

Feliz daquele que consegue amar! O amor é um processo de querer bem, que é um dom natural. A partir do momento em que nascemos, devemos querer bem e amar ao próximo. Querer bem e estar apto para contribuir com a felicidade do outro. Lembrando que felicidade não é fazer tudo o que se tem vontade, mas ficar feliz com o que se está fazendo. Logo, amar é ficar feliz com o que o outro está fazendo,não fazer nada para magoar ou atrapalhar a vida do próximo. Com toda certeza, o amor do pai para um filho e de uma mãe com um filho é de uma grandeza infinita. É imensurável, independente da forma em que ele for concebido.

54 - Filho não é uma Palavra Composta

E quantos brasileiros já sonharam em ter um filho em um processo que parece tão penoso e demorado. Mas, hoje em dia, o prazo não é tão longo. Podemos e devemos buscar este caminho cada vez mais. Sentiremos um amor inigualável. Adotar é doar, é um ato de entrega absoluta e de um amor incondicional.

Obviamente que a gestação pode até ser um momento único. Mas para virar mãe, é necessário muito mais que isso. É necessário convívio diário, responsabilidades. É necessário ter um sentimento que cresce até virar enorme no coração. Alguém que te olha com muita cumplicidade, que dependa de você. Depois de pouco tempo, acontece uma coisa muito especial, a criança vira para você e te chama de mamãe. Da mesma forma, acontece com os pais do coração.

A verdade é que todo filho é do coração, independente de como ele foi concebido. Somos todos irmãos perante a Deus. Assim, somos todos iguais. Sem essa consciência da nossa importância e da filiação Divina, poderíamos cair em depressão na primeira dificuldade que encontrássemos. Um filho do coração tem muito amor para dar e receber. E não é de hoje que todos nós sabemos que o amor vem do coração.

Além disso, não podemos esquecer que nossa história é criada por Deus. Somente Ele sabe o que precisamos passar aqui na Terra. Ele envia a pessoa certa, que tem planos em comum e amor para que os planos e sonhos sejam realizados. As dores, sofrimentos, alegrias e tristezas são formas de amadurecimento. E todo o processo de concepção de filhos, segue esse mesmo princípio. Deus sabe o que está reservado para nós.

Mais uma vez, devemos lembrar que Filhos são Filhos, ou seja, filho é uma palavra simples, que não precisa de complemento algum. Filho não é uma palavra composta, que precisa ser adjetivada. Filho é apenas Filho. Um filho necessita "apenas" de amor e esse amor virá da família, que é de suma importância na vida de qualquer ser humano.

Para as pessoas que ainda possuem algum certo grau de preconceito, vamos sempre rezar e pedir a Deus para perdoá-las. "Pai, perdoa-os porque eles não sabem o que fazem". (Lucas 23:34).

E para os casais e filhos concebidos pelo coração que em algum momento sejam discriminados, lembrem-se sempre do que Nietzche disse: "Aquilo que não me mata, me torna mais forte".

E para terminar este capítulo, vou citar as palavras de Augusto Cury, escritas em seu livro "Os Segredos do Pai Nosso": "Não gosto da expressão "filhos adotivos", pois ela carrega estigmas e inverdades psicológicas. Mesmo que os pais não sejam biológicos, que não exista transmissão de carga genética, o processo de formação da personalidade dos filhos contém um número suficiente de variáveis para que os pais não biológicos se tornem pais psicológicos.

Não há filhos nem pais adotivos. Se as histórias se cruzam, se existe uma trama de relacionamentos rica e contínua, eles se tornam filhos e pais psicológicos. Por outro lado, quando o relacionamento entre pais e filhos biológicos é distante, frio e desprovido de afeto, quando a participação no processo de interação e formação da personalidade é insuficiente, eles se tornam pobres pais e pobres filhos psicológicos. Dividem o mesmo espaço físico, mas não a mesma história".

Capítulo 4 – Família

"Assim que se olharam, amaram-se;
Assim que se amaram, suspiraram;
Assim que suspiraram, perguntaram-se
um ao outro o motivo."
Shakespeare

Como disse Willian Shakespeare: "Assim que se olharam, amaram-se; Assim que se amaram, suspiraram; Assim que suspiraram, perguntaram-se um ao outro o motivo". Desta citação posso concluir que o motivo é bastante simples, ser uma família, que é tema deste capítulo. A união de duas pessoas na formação de uma família se dá através do amor. Essa é a essência da citação de Shakespeare.

Família é a união de pessoas de diversas idades, gostos, preferências, opiniões, qualidades e defeitos. Família é a união de laços de sangue ou ternura, amizade e amor. Família é o apoio de nossas angústias, frustrações e problemas aparentemente insolúveis e que faz sempre com que todos eles tenham solução.

A Família tem a função de proteção e socialização de seus membros. É nossa principal fonte geradora de afeto, aceitação pessoal, segurança física e psicológica. A família também é a nossa primeira fonte inspiradora para o desenvolvimento de nossos valores, crenças e atitudes.

Todos os indivíduos têm suas histórias relacionadas à família, sejam elas histórias positivas ou negativas. Assim, a maioria das respostas aos questionamentos feitos aos indivíduos com relação ao seu engajamento familiar é cheio de subjetividade e emoções.

58 - Filho não é uma Palavra Composta

Dentro de uma família existe sempre algum grau de parentesco. Normalmente o nome é escolhido pelos pais por fatores que não podemos diagnosticar de forma generalizada. Porém, os sobrenomes são dados aos filhos por questão de tradição, herdado dos pais. Assim, membros de uma família costumam compartilhar do mesmo sobrenome. A família é unida por múltiplos laços capazes de manter os membros moralmente e materialmente durante uma vida e durante as gerações.

Se formos avaliar o conceito de família segundo o dicionário, chegaremos à seguinte conclusão:

1. Conjunto de pessoas com relação de parentesco que vivem juntas; agregado familiar.
2. Grupo de pessoas formado pelos progenitores e seus descendentes; linhagem, estirpe.
3. Conjunto de pessoas do mesmo sangue ou parentes por aliança;
4. Grupo de pessoas unidas pelo vínculo do casamento, afinidade ou adoção;
5. Grupo de pessoas com origem, ocupação, ou outra característica em comum.

Estas definições são importantes tendo em vista que leva a compreensão de que para a existência de uma família não basta ao homem unir-se a uma mulher corporalmente. É preciso ampliar essa relação, não havendo necessariamente a procriação de filhos da forma tradicional. Família é, portanto, um conjunto onde os filhos devem estar presentes. Perceba que aqui também se aplica claramente as diferenças entre criação e procriação.

Pretendo ao longo deste livro, em especial no próximo capítulo, apresentar as funções dos membros de uma família. Porém, devemos lembrar que os papéis dos membros das famílias vão sendo alterados ou adaptados à medida que essa família encontra-se inserida em outra cultura, ou a partir do momento em que ela enfrenta algum revés, como por exemplo, o falecimento de

Capítulo 4 - Família - 59

um dos pais, a formação de uma nova família por parte de um dos filhos, e assim por diante.

Obviamente que uma família completa necessita de uma mãe. Mas afinal, o que é preciso para ser mãe? A maternidade é algo natural nas mulheres, está relacionada ao cuidado, à dedicação, ao carinho, à atenção, às necessidades de alguém próximo e indefeso.

A maternidade é natural até mesmo nas mulheres que ainda não são mães. Com frequência vemos crianças brincando de ser mães e até mesmo tendo atitudes de mães, com suas bonecas, animais ou colegas de escola. Mas nem sempre é simples tornar-se mãe. Ser mãe é ter o coração realmente disponível. Muitas vezes as mães abrem mão de coisas que gostariam de fazer para atender às necessidades dos membros da família. Mas a grande recompensa é ver os filhos começando a assumir responsabilidades na vida.

Porém, para ser mãe, é necessário se fazer cotidianamente, não somente em palavras, mas em atitudes e isso inclui estar presente na vida dos filhos, exercendo sua função de mãe: amparando, cuidando, "brigando" quando necessário, brincando, amando, protegendo, ensinando e aprendendo com seus filhos nos desafios impostos diariamente. E para alcançar isso, não é necessário gerar um ser em seu ventre, não é necessário dar vida a uma criança, biologicamente falando. É necessário dar vida a uma criança, psicologicamente falando.

E para saber se você realmente participa da vida dos seus filhos, se está presente nela, verifique as respostas das perguntas abaixo:

1. Você sabe o nome dos professores do seu filho e o que eles estão estudando?
2. Você sabe quem são os amigos do seu filho e conhece a família deles e como eles são criados e educados?
3. Você sabe se seu filho tem hábito por leitura? Em caso afirmativo, você sabe quais livros ele já leu?

60 - Filho não é uma Palavra Composta

4. Você sabe o nome dos atletas, celebridades, músicas e filmes favoritos do seu filho?
5. Você sabe se seu filho já está namorando e com quem? Podemos criar inúmeras perguntas para identificar sua real participação na vida dos seus filhos, porém, citei apenas alguns exemplos. Você precisa saber responder às perguntas acima e a várias outras que você mesmo pode estar imaginando neste momento para perceber o quão próximo está do seu filho.

O filho não reconhece sua mãe pelo sangue. O reconhecimento da mãe ocorre pela identidade afetiva, pelo carinho devotado, pelo acompanhamento, pelo apoio, pelas palavras e sorrisos diários e pela educação que lhe é dada.

Obviamente que muitos pais, hoje em dia, assumem papéis muito semelhantes aos das mães, gerando os mesmos sentimentos em seus filhos. E tudo isso em prol da família. Logo, o que foi dito anteriormente sobre o que é ser mãe, encaixa-se perfeitamente em o que é ser pai no mundo moderno.

Pai e mãe não desistem de amar os filhos. Pai e mãe terrenos, cheios de imperfeições, não desistem do amor, independente da maneira como seus filhos foram concebidos.

A família não é mais essencialmente um núcleo econômico e de reprodução, onde sempre esteve instalada a suposta superioridade masculina. Passou a ser muito mais que isso. Passou a ser o espaço para o desenvolvimento do companheirismo, do amor, e acima de tudo, o núcleo formador de crianças e seres humanos capazes de crescer e amadurecer para enfrentar as dificuldades impostas pela vida.

Atualmente, a família vem de uma opção. De fato, ela existirá a partir do momento em que um casal decide viver junto, criar um mundo novo, um mundo diferente: uma família. Nesse mundo novo e distinto, surgirão os filhos, que se incorporarão ao projeto de vida idealizado por seus pais, independente da forma que os pais irão concebê-los: podendo ser por adoção, através da reprodução assistida ou pelos métodos naturais.

É na família que os filhos desenvolverão sua personalidade. Nela crescerão, encontrarão o sentido de sua existência e amadurecerão na segurança, até que um dia também eles partirão para realizar seu desejo de possuir a sua própria família. Perceba que nesse momento estamos falando muito mais do meio do que da genética. Logo, a essência da família será o pilar principal para o desenvolvimento de qualquer membro desta, mas principalmente dos filhos.

Não podemos viver de modo aventureiro. De nada adianta estarmos repletos de boas intenções, se não planejarmos bem nossas ações. Nosso mundo tem sido rapidamente alterado, tanto no sentido físico quanto psicológico. Além disso, alguns dos principais valores estão simplesmente reduzindo sua importância na sociedade ou mesmo desaparecendo. Valores como amizade, humildade, fraternidade, amor, educação, ética, caridade, tolerância, bondade, paciência e disponibilidade, dentre vários outros, têm se tornado escassos.

Hoje em dia, estes valores têm sido um diferencial das pessoas, sendo que na verdade, deveriam ser valores intrínsecos à personalidade do indivíduo, sendo ensinados e transmitidos pela família. Entretanto, sabendo destas transformações, cabe aos pais tentarem reverter essa situação e criar valores em seus filhos ensinando-hes bons hábitos na preservação do meio ambiente, assim como os valores relacionados aos demais seres humanos. Não adianta deixarmos um bom meio ambiente para nossos filhos, se não deixarmos bons filhos para o meio ambiente.

Algumas entidades apenas consideram como família um casal formado por homem e mulher como pilares desde grupo social. Por exemplo, a Igreja Católica considera a benção ao casamento apenas quando existir o casal heterossexual com a finalidade de reprodução. Casai, crescei e multiplicai-vos. A Igreja Católica é contrária à reprodução assistida, mas é a favor da adoção.

Porém, não estamos aqui discutindo questões religiosas, ou seus dogmas. Estamos discutindo o que é ser filho, o que é ser

62 - Filho não é uma Palavra Composta

pai, o que é família e como podemos conceber nossos filhos atualmente. Não critico nenhuma religião. Cada uma delas tem seus pontos positivos e negativos e o essencial é seguir alguns pontos principais, como amar ao próximo, não matar, não roubar, dentre alguns outros princípios básicos e éticos relacionados ao ser humano.

A Igreja Católica diz que Deus fez o homem para procriar com sua mulher e que qualquer outra forma é condenada. Neste momento, eu faço um questionamento: "quem me garante que não foi Deus que deu o dom ao homem de desenvolver tecnologias para auxiliar aqueles que têm dificuldade para engravidar naturalmente"?

Eu particularmente acredito nisso. Não podemos nos prender a este dogma da Igreja Católica. Acredito fielmente na boa relação entre Ciência e Religião e, nesse caso, para mim é fato. Deus sempre dá o dom aos homens, principalmente da inteligência e do aprendizado. E estes dois devem ser utilizados sempre para o bem e não para a destruição do mundo.

Não devemos criticar a Igreja por qualquer ato dos homens. Acredito que a maioria desses dogmas foram criados pelos homens. Não estou citando isso para defender a Igreja Católica, mas sim para dizer que todas as religiões têm seus pontos positivos e negativos, principalmente quando é necessária a interpretação do ser humano. Nem sempre as pessoas têm a mesma interpretação diante de um texto ou fato. O importante é seguir alguns princípios básicos, que são importantes para qualquer ser humano.

Quando eu digo ter uma família, digo ter uma estrutura familiar, com amor, afeto, carinho, educação e todo o conjunto necessário para se criar e educar os filhos.

Somos todos iguais e às vezes nos esquecemos disso. Esquecemos-nos da coisa que jamais poderíamos nos esquecer que é da felicidade de nossas crianças. Não podemos esquecer que nossas atitudes devem dar condições de crescimento

Capítulo 4 - Família - 63

saudável para nossos filhos. Além disso, devemos ter sempre uma paternidade, maternidade e fraternidade responsável. Através da Oração da Família, citada abaixo, podemos perceber diversos pontos de grande importância nas famílias:

*"Que nenhuma família comece em qualquer de repente
Que nenhuma família termine por falta de amor
Que o casal seja um para o outro de corpo e de mente
E que nada no mundo separe um casal sonhador!
Que nenhuma família se abrigue debaixo da ponte
Que ninguém interfira no lar e na vida dos dois
Que ninguém os obrigue a viver sem nenhum horizonte
Que eles vivam do ontem, do hoje e em função de um depois!
Que a família comece e termine sabendo onde vai
E que o homem carregue nos ombros a graça de um pai
Que a mulher seja um céu de ternura, aconchego e calor
E que os filhos conheçam a força que brota do amor!
Que marido e mulher tenham força de amar sem medida
Que ninguém vá dormir sem pedir ou sem dar seu perdão
Que as crianças aprendam no colo, o sentido da vida
Que a família celebre a partilha do abraço e do pão!
Que marido e mulher não se traiam, nem traiam seus filhos!
Que o ciúme não mate a certeza do amor entre os dois!
Que no seu firmamento a estrela que tem maior brilho,
seja a firme esperança de um céu aqui mesmo e depois!
Que a família comece e termine sabendo onde vai
E que o homem carregue nos ombros a graça de um pai
Que a mulher seja um céu de ternura, aconchego e calor
E que os filhos conheçam a força que brota do amor!"*

Através desta oração, podemos verificar que realmente é importante que nenhuma família comece em qualquer de repente, sem planejamento. Espera-se que nenhuma família termine por falta de amor, assim como se deseja que o casal seja um para o outro de corpo e de mente e que nada no mundo separe um casal sonhador!

Da mesma forma, espera-se que as famílias tenham condições financeiras para se sustentarem sem passar nenhuma necessidade e que nenhuma pessoa externa interfira no lar e na vida do casal. Que ninguém os obrigue a viver sem nenhuma perspectiva de crescimento pessoal e profissional.

Que a família comece e termine ciente de suas responsabilidades, da criação e educação dos filhos, da preparação dos filhos para o mundo e como um ciclo, que se prepare para a morte natural.

Que o casal se ame sem medidas e que as brigas sejam resolvidas no mesmo dia sem nenhuma mágoa ou rancor. Que o casal não se traia, não apenas no sentido carnal, mas também em pensamento e que a confiança não seja quebrada. E que os filhos conheçam a força de onde brota o amor.

Nessa oração, podemos perceber uma grandeza e uma bondade e o centro de um lar, que é a família, que deve ser sempre abençoada. Lembrando que família é aquela em que os pais ensinam os filhos a crescerem, em que os pais amam seus filhos e cuja educação seja dada de forma sublime. Não estou dizendo educação formal das escolas, é claro que esta é de grande importância. Mas, inicialmente a educação dada dentro de casa, através dos exemplos e ensinamento dos pais.

Além disso, de maneira alguma deve haver diferenças na educação dos filhos pela diferença na forma de concepção que eles tiveram, caso você tenha mais de um filho concebido de forma diferente. Quanto menos distância houver na maneira de se educar, menores serão os conflitos resultantes da adoção ou dos filhos advindos da reprodução assistida. O tratamento natural das diferentes formas de concepção dos filhos é que lhes darão segurança e força para enfrentar as pessoas menos preparadas e preconceituosas.

A grande importância da família é lastrear amor a todos os seus integrantes, mesmo que atualmente os laços afetivos estejam mais frágeis, o amor da família deve ser insuperável.

Ser amado é uma das sensações mais prazerosas que o ser humano pode experimentar. O amor é o segredo para transformar a vida, para transformar a família. Podemos acompanhar todas as pesquisas que são divulgadas. As pessoas de sucesso normalmente são fruto de famílias estruturadas onde o amor perdura.

Obviamente sabemos que no mundo moderno os casamentos têm durado cada vez menos e que muitas crianças não moram com o casal, haja vista o grande volume de separações que vêm ocorrendo. Mas, quando eu falo de famílias estruturadas, tento dizer que mesmo o casal tedo se separado, que o homem e a mulher sejam dignos da criação e educação dos filhos com grande estrutura e com amor aos filhos. O mais importante é que os filhos nunca presenciem e participem das dificuldades do casal, de suas brigas. Preserve-os destes males.

E se os pais não assumirem as responsabilidades que cabem a eles, principalmente de marido e esposa, o melhor caminho realmente é a separação do casal. Não se pode chegar a extremos de brigas e a falta de respeito. Principalmente, deixar os filhos presenciarem tais cenas. Estaremos dando maus exemplos para eles. Lembre-se que os filhos se espelham nos pais e o exemplo é importante. Logo, seu filho, com certeza, perderá o respeito por você. O mau pai presente é mais prejudicial que o ausente.

Existem inúmeros casos de filhos criados e educados apenas pela mãe ou apenas pelo pai que têm sucesso na vida, mesmo tendo sido abandonados por um deles. O pior é quando o filho crescer e chegar à conclusão de que se o pai estivesse presente, o sucesso alcançado por ele, não teria se concretizado. Isto sim você não pode deixar ocorrer. Devemos sempre assumir nossas responsabilidades e dar bons exemplos.

Assim, independente da união ou não do casal, devemos ter sempre a união em prol dos filhos. Obviamente que o casal, unido e com valores, tende a criar filhos com sucesso na vida.

Caso contrário, podemos estar transformando nossos filhos em órfãos. Mas o que entendemos por orfandade? O primeiro pensamento que nos vem em mente é relacionado às crianças abandonadas, desamparadas, que perderam seus pais. Estas crianças estão presentes em abrigos para essa finalidade ou nas ruas. Entretanto, temos órfãos dentro de incalculáveis lares pelo mundo afora. São os filhos desamparados de afeto, que não estão sob os devidos cuidados, são os que perderam o amor daqueles que deveriam ser pai e mãe.

Assim, muitos filhos não se sentem realmente filhos. Sentem que a televisão, a academia, as viagens e, principalmente, o trabalho são mais importantes que eles. Istso também é orfandade. Devemos rever nossos reais valores e princípios para não transformarmos nossos filhos em órfãos, mesmo vivendo sob o mesmo teto. Também não precisamos citar os enormes problemas que a orfandade pode gerar para nossos filhos e para a sociedade. Logo, precisamos ser e ter uma família com princípios e valores. Vale lembrar que tudo isso independe da forma que concebemos nossos filhos. Entretanto, sabemos que nem todos os pais atuam dessa maneira. E isso é histórico. Além disso, muitos pais ainda são influenciados pelo preconceito contra seus próprios filhos. Albert Einstein teve um filho esquizofrênico. Sabe qual foi a reação dele? Internou o filho em um hospital psiquiátrico e o visitou apenas uma vez. Abandonou-o, deixou que a solidão fosse a companheira de seu filho. Isto obviamente é inadmissível e nos dias atuais deveria ser punido severamente. Estamos falando ao longo deste livro para não termos preconceito, principalmente vindo de pessoas que não têm um laço afetivo com o filho. Mas, o próprio pai ter preconceito? Isto jamais deve ocorrer.

Neste capítulo não quis, em momento algum, julgar conceitos teológicos, psicológicos, sociológicos ou filosóficos sobre família. Apenas quis apresentar fatos simples onde pai e mãe, pilares da família, consigam criar e educar seus filhos.

Perceba que em todos estes casos citados, não utilizei a palavra filho seguida de nenhum outro complemento como: biológico, de proveta ou adotivo. Filho não é uma palavra composta como diz o título deste livro. Filho é apenas Filho!

O sonho da maioria dos pais é transformar seus filhos em seres humanos melhores que eles (os pais) através da educação e criação dada diariamente. Nesse ponto, conseguiremos realmente ter uma evolução no mundo, ou seja, um mundo melhor.

Essa é a grande função da família, criar, educar e transformar seres humanos em pessoas com valores capazes de transformar o mundo. Se cada família criar e educar os filhos para que eles possam ser melhores que seus pais e essa base for transferida por de gerações, com toda certeza teremos grandes evoluções no mundo moderno.

Precisamos valorizar cada momento com nossos filhos, pois este pode ser o último dia. Somos todos mortais. Logo, por que ter momentos ruins se amanhã podemos não estar mais aqui?

Necessitamos evoluir muito, principalmente na educação ambiental, no afeto, no carinho e no amor, em especial no amor ao próximo. Mas, acima de tudo precisamos evoluir na extinção de preconceitos, em amar mais ao próximo. Precisamos ter mais amor em nossos lares e em nossas famílias.

Nossos filhos sempre precisarão muito de nós, pais, mesmo que para um ombro amigo. No próximo capítulo abordaremos a importância dos pais para os filhos. Mas, em resumo, poderemos perceber que esta importância trata-se principalmente dos filhos sentirem que fazem parte de uma família e que são amados.

Capítulo 5 – A Importância dos Pais

"Quando somos bons para os outros,
somos ainda melhores para nós."
Benjamin Franklin

"Tudo é incerto neste
mundo hediondo,
exceto o amor de mãe."
James Joyce

Como disse Benjamin Franklin: "Quando somos bons para os outros, somos ainda melhores para nós". Esta afirmação é bastante profunda. Ser pai e ser mãe requer que sejamos bons para nossos filhos. E esta bondade, torna-se ainda melhor para nós, quando vemos o resultado positivo da criação dos nossos filhos, quando os vemos crescer, terem suas profissões e formarem suas famílias.

O simples fato de fazer o bem a outras pessoas já nos torna seres melhores, aprendemos muito com isso. Ser bons pais é ver seus filhos serem melhores que eles em todos os contextos. Se os pais conseguirem transformar seus filhos em pessoas melhores, quer dizer que os pais souberam ensinar e os filhos souberam aprender. E com certeza todos os ensinamentos aplicados foram válidos.

Segundo James Joyce, "tudo é incerto neste mundo hediondo, exceto o amor de mãe". Sabemos que atualmente vivemos em um mundo onde grandes valores têm sido esquecidos: família, lar, amizade, ética, amor, dentre vários outros. Entretanto, o amor de pai e mãe nunca irá morrer e sempre será o pilar principal na

70 - Filho não é uma Palavra Composta

formação de qualquer indivíduo. É isso que devemos esperar sempre. É o mínimo necessário para a criação de um filho.

Irei tratar neste capítulo a importância dos pais como tema central, utilizando as duas citações anteriores como inspiração.

Nos capítulos anteriores apresentei os temas: maneira de concepção de filhos, sonhos, filhos do coração e família. Porém, como tudo isso pode ser formado? Algumas pessoas não acreditam, mas eu acredito em obra Divina. Acredito que Deus fornece nosso caminho e sabe o que precisamos aprender aqui na Terra para nos tornarmos seres humanos melhores. Deus sabe quais pessoas serão inseridas em nossas vidas. Sabendo do livre arbítrio, o caminho a ser seguido é escolhido por nós dentre as oportunidades dadas por Ele.

Dessa forma, acredito fielmente que nossos filhos, independente do método de concepção, já estavam programados para serem nossos filhos, antes mesmo de nascerem.

Uma história muito linda que pode elucidar o que expus se chama "O anjo chamado mãe". Porém, fiz uma pequena adaptação, pois acredito também no anjo que é o pai. Toda a história acontece através de um diálogo entre uma criança e Deus.

"Um dia, uma criançapronta para nascer perguntou a Deus:

- Dizem-me que estarei sendo enviado a Terra amanhã. Como vou viver lá sendo pequeno e indefeso?

- Dentre muitos anjos, escolhi dois especiais para você. Estarão lhe esperando e tomarão conta de você, disse Deus.

- Mas, diga-me. Aqui no Céu eu não faço nada a não ser cantar e sorrir, o que é mais do que o suficiente para que eu seja feliz. Eu serei feliz lá?

- Deus disse: Seus anjos cantarão e sorrirão para você. A cada dia, a cada instante, você sentirá o amor dos seus anjos e será feliz.

- Como poderei entender quando falam comigo se eu não conheço a língua que as pessoas falam?

- Com muita paciência e carinho, seus anjos lhe ensinarão a falar.

- E o que eu farei quando quiser falar com Você?

- Seus anjos, juntarão suas mãos e lhe ensinarão a rezar.

- Eu ouvi dizer que na terra há homens maus, quem me protegerá?

- Seus anjos lhe defenderão mesmo que isso signifique arriscar suas próprias vidas, disse Deus.

- Mas eu serei sempre triste, pois não poderei mais Te ver.

- Seus anjos sempre lhe falarão sobre Mim e lhe ensinarão a maneira de vir a Mim, e Eu estarei sempre dentro de você.

Nesse momento havia muita paz no Céu, mas as vozes da Terra já podiam ser ouvidas. A criança, apressada, pediu suavemente.

- Oh Deus, se eu tiver a ponto de ir agora, diga-me por favor o nome dos meus anjos.

- Deus simplesmente disse: você chamará seus anjos de Mãe e Pai."

Assim, como anjos, devemos conceber nossos filhos, independente da forma. Devemos tratá-los apenas como filhos, sem conotações pejorativas. Devemos proteger nossos filhos dos males da vida. Devemos dar a melhor educação possível a eles, sendo primariamente a educação básica vinda do nosso lar. Devemos ensiná-los a viver, ou seja, criá-los para que tenham uma vida plena, cheia de felicidades e no caminho do bem.

A base da felicidade é a autoestima, que começa a ser desenvolvida em uma criança quando ela ainda é bebê. Os cuidados e os carinhos vão mostrando à criança que ela é amada e cuidada. Nesse começo de vida, ela está aprendendo como funciona o mundo a sua volta e conforme se desenvolve, vai descobrindo seu valor a partir do valor que os outros lhe dão. A autoestima é a fonte interior da felicidade. Quanto maiores a autoestima e a capacitação para superar obstáculos, maior será a autonomia dos filhos. Além disso, a autoestima é a principal base para encontrar um bom lugar no mundo para se viver, para trabalhar, ou para se relacionar.

Os pais têm a responsabilidade de iniciar a socialização de seus filhos e também, por este intermédio, de manter o controle social sobre eles, independente se estão dentro ou fora da unidade doméstica, ou seja, independente se os casais moram juntos ou se estão separados.

Os status de esposos e de pais são fixados por obrigações dentro da família e da sociedade. Mas, independente dos status fixados pela família ou sociedade, todas as pessoas precisam se preparar para serem pais. Para ser pai e mãe, não basta inserir uma criança no mundo no contexto biológico. Ser pai e ser mãe não está ligado apenas na função de procriação e sim na criação.

Uma criança após ser concebida não traz consigo um manual de instruções. Os pais precisam dar o melhor que podem para que os filhos tenham uma boa educação e criação. Isto quer dizer que os pais precisam se doar aos filhos. Esta é a grande verdade. Tudo isso, é claro, se os pais realmente tiverem interesse em ter uma família unida. E a grande vantagem do ser humano é nascer sem saber nada; ele necessita aprender tudo.

Sabemos que ser mãe muda a vida de uma mulher e ser pai muda a vida de um homem. O olhar, o coração, a alma, tudo fica diferente. Ter um filho é o ato de amar incondicionalmente uma pessoa que você chama de filho e que pela vida inteira será seu. Por mais que cresça, que passe a escolher a própria roupa, que passe a ter opinião própria, que não queira que os pais o beijem na frente dos amigos, que não queira mais que o acompanhe nas festinhas, que fique horas no telefone com a mais nova paixão, ele é seu filho e você tem e terá muito orgulho disso.

Educar um filho é um ato de coragem que só homens e mulheres muito fortes podem assumir. Se somarmos todas as dificuldades que temos em nosso dia a dia com a de educar nossos filhos, concluiremos que precisamos ser muito fortes e perseverantes.

Às vezes, erroneamente, chegamos ao limite de nossa paciência. Mas, nunca perderemos o amor.

A tarefa de educar um filho é da família. A escola é obviamente um poderoso elo nesta tarefa; porém, não é o principal. Na escola, são ensinados diversos conceitos. Na família, são ensinados valores, ou pelo menos é esperado que os pais possam assumir tal papel.

Quando os pais levam os filhos para casa, assumem três enormes responsabilidades: criá-los, educá-los e fazê-los felizes. Por isso, desde o início da vida de uma criança precisamos saber identificar o que elas realmente querem; se estão com sono, se estão com fome, se querem carinho, se querem atenção, se sentem dor, ou qualquer outra alteração.

A partir do momento em que seu filho vai crescendo ele começa a frequentar escolinhas, fazer amigos, brincar e desenvolver atitudes que fazem você como pai se surpreender.

Após as escolinhas, é chegada a hora de um pouco mais de seriedade com os estudos e os pais devem estar sempre presentes, acompanhando a evolução de seus filhos na escola. Devemos estimulá-los sempre, nas vitórias ou nos fracassos, nas notas boas ou ruins. Por mais que possamos desejar que nossos filhos sempre saiam bem nas provas, que tirem notas altas, devemos ser capazes de compreender as dificuldades de cada um e auxiliar nossos filhos a superá-las.

As crianças precisam ser protegidas e cobradas de acordo com suas necessidades e capacidades. Protegidas nas situações em que elas não conseguem se defender e cobradas naquilo que estão aptas a fazer. Isso irá auxiliar no crescimento dos seus filhos sempre.

Depois da introdução escolar, vem a adolescência. Uma etapa de grande importância na fixação de todo o aprendizado anterior. Momentos de autoafirmações dos filhos. Os primeiros namorados ou namoradas, as primeiras conversas sobre sexualidade. Lembrem-se sempre da importância destes atos. Pais devem estar presentes sempre para acompanhar de perto todas estas mudanças.

Na escolha da faculdade, na escolha do curso e de qual profissão seguir, essas não são decisões mais dos pais. Por mais que alguns deles ainda tentem influenciar, essas decisões são dos filhos. Elas nortearão toda a vida futura deles, ou seja, se terão sucesso ou fracasso profissional. Logo, os pais podem apoiar os filhos, porém não podem e não devem fazer a escolha final.

Devemos ter cuidado para não formatarmos nossos filhos de acordo com nossas frustrações. Por exemplo, não podemos obrigar nossos filhos a serem médicos porque não conseguimos ser no passado. Devemos ensiná-los a buscar seus próprios caminhos. Mas, em resumo, o que é ser pai?

Ser pai é ser amigo, companheiro, parceiro. É uma pessoa que dá amor, que está presente sempre. Devemos dar sempre bons exemplos e lembrar de valores básicos que hoje em dia estão se tornando diferenciais, valores de extrema importância como ética, religiosidade, bondade, afeição, carinho, afeto, honestidade, respeito pelo próximo, dentre alguns outros que são ensinados na família que valem a pena ressaltar sempre. Isso é ser pai e ser mãe.

Os pais ensinam tudo o que sos filhos sabem e sempre dizem tudo o que devem aprender. Fazem qualquer coisa para os filhos não passarem dificuldades e isso é o amor verdadeiro. Eles, com certeza, guiam os filhos até o dia em que eles formem suas próprias famílias.

Infelizmente nem sempre é assim, mas deveria ser a realidade sempre. O amor dos pais pelos filhos é o "único amor" que podemos dizer , sem dúvidas, que é amor puro, verdadeiro e eterno. Para que os pais consigam realmente ensinar bons princípios aos filhos, o ideal é que o marido tenha grande cumplicidade e comprometimento com a felicidade da esposa e vice-versa. Da mesma forma com os filhos. Isto não significa necessariamente morar junto, debaixo do mesmo teto e serem casados para toda a vida.

Contudo, a cumplicidade e comprometimento com a criação e educação dos filhos devem existir sempre.

Ser mãe é uma vocação, é um dom Divino. As mães conseguem entender seus filhos com sabedoria, mesmo que eles não digam o que sentem ou querem. Um simples olhar da mãe basta para decifrar todo o enigma. Elas possuem um conhecimento guardado não se sabe onde, mas sempre que é preciso, elas restauram a informação necessária para ser utilizada.

Todas as mães, sem exceção, sabem identificar o certo do errado e o essencial do supérfluo. As mães sabem que o mais importante são ações e não discursos. Pelos filhos, elas fazem qualquer coisa; superam grandes desafios e até mesmo compram grandes "brigas" para defendê-los. As mães sabem que devem dar o exemplo, pois seus filhos seguirão seus caminhos. Durante boa parte da vida dos seus filhos, as mães sabem o exato sentido da palavra doação, uma vez que elas são capazes de doar suas vidas pelas dos seus filhos.

As mães sabem que para acertar, é necessário não ter medo de errar e reconhecer que não são perfeitas. Enfim, sabem que precisam ser melhores do que acreditam ser, pois serão eternamente mães e os filhos irão visualizá-las como uma super-heroína durante grande parte da vida.

Mesmo sem ler o manual de instruções de como ser mães ou o livro de receitas, sabem a dose certa de cada um dos ingredientes essenciais para o saudável crescimento dos filhos: carinho, atenção, dedicação, respeito, e acima de tudo, amor em quantidade ilimitada, o que é capaz de construir e transformar vidas.

Como seria bom se cada filho viesse ao mundo doidinho para estudar, animadíssimo para fazer as tarefas escolares e acordassem sempre motivados a irem para a escola.

Como não temos manual de instruções, devemos desenvolver esta responsabilidade em nossos filhos, que posteriormente poderá virar prazer. Devemos auxiliar nossos filhos a estudar todos os dias. Devemos acompanhar de perto esta tarefa de

76 - Filho não é uma Palavra Composta

grande importância para eles. Isto fará com que nossos filhos sejam melhores profissionalmente no futuro.

Além disso, estaremos dando a eles o bem mais precioso do mundo e que ninguém nunca irá retirar deles, que é o conhecimento, o saber. E se necessitar ser firme, seja. A educação, o saber, o conhecimento é essencial e não se negocia. Logo, não se deve negociar a forma e o momento de se estudar. Lembre-se que cabe a você ensinar que aprender é prazeroso e que não é nenhum sacrifício.

Seu filho consegue ficar horas jogando videogame, mas não consegue ficar horas estudando? Pode ter certeza que isso somente ocorre porque você deixou. Para ele, jogar videogame é prazeroso e estudar não. Trabalhe para inverter estes papéis e mostre o quanto ter conhecimento é interessante.

Ser mãe é assumir de Deus o dom da criação, da doação e do amor incondicional. Perceba também que nas frases acima, em nenhum momento foi dito procriação e apenas criação. Isso porque assumir de Deus o dom da criação é independente da forma que seu filho seja concebido.

Quando Deus decide colocar um bebê no mundo, nasce com ele uma mãe. Mesmo quando a vida é um minúsculo ser implantado no ventre, ela já é mãe do coração. Todo o seu pensamento, todo o seu cuidado se volta para o ser que apesar de tão minúsculo, já provoca emoções fortes. A simples descoberta já traz um turbilhão de emoções inexplicáveis. A vida nunca mais vai ser a mesma. E você se pergunta, será que vou ser uma boa mãe? Será que vou cuidar bem do meu bebê?

As mesmas sensações acontecem quando se inicia um processo de adoção. A mulher fica grávida do coração e começa a ter os mesmos questionamentos e talvez pior, começa a pensar onde está seu filho, se está passando frio ou calor, se está passando fome, dentre outros.

Mas, uma mãe não nasce mãe e não aprende nas escolas. Toda mulher aprenderá a ser mãe assim que tiver seu filho. Mãe sente,

Capítulo 5 - A Importância dos Pais - 77

mãe aprende, mãe sofre. Benditas são as mulheres! Elas sentem as maiores dores, mas sentem sem dúvida a maior das felicidades. Quando digo dores, não estou me relacionando diretamente com a dor do parto. Mas, sim, pela sensibilidade feminina em sentir as maiores dores dos seus filhos no dia a dia.

O sentimento de uma mulher grávida (independente da forma, se biológica ou do coração) é sempre algo sublime, ela tem algo de anjo e santo. A mulher é uma pessoa agraciada. Deus escolhe os pais certos para os filhos para que um faça parte do outro e para que juntos sejam uma família.

Além de tudo isso, a melhor forma de ser feliz é sendo verdadeiramente pai e mãe e constituindo uma família com muito amor; mesmo sabendo que temos nossos defeitos e às vezes, vivemos ansiosos e irritados. Mas não podemos nos esquecer de que nossa família é o maior bem que podemos ter. Logo, devemos tentar nos irritar menos e não "levar" os problemas do trabalho para casa. Afinal de contas, nossa família é o nosso maior bem. É o presente e o futuro que Deus nos reservou.

A participação do pai na educação do filho já pode começar na gravidez. O homem grávido é o estágio que serve de aquecimento para o papel adequado de pai que participa da formação do bebê. Ser pai e ser mãe não é apenas cumprir tarefas práticas, mas também envolver afetivamente, pois é disso que resulta a qualidade do relacionamento.

Muitos homens grávidos também podem se sentir ansiosos e fragilizados com as modificações que ocorrem na companheira, com as mudanças no relacionamento e com as expectativas do que está por vir. Afinal, desde o início da gravidez, biológica ou do coração, todo o futuro é incerto. O fato é que não devemos, em hipótese alguma, temer o futuro. Como exemplo, já vi casais deixarem de entrar no cadastro nacional da adoção pelo medo do incerto. Aqui cabem vários comentários, entretanto, farei apenas dois. O primeiro é o medo do incerto, do que será no futuro, de quando seu filho do coração vai nascer. Este medo, certamente, deve ser descartado. O segundo comentário é que se o casal realmente deseja, sonha em ser pai e mãe, não deverá hesitar em momento algum de estar presente no cadastro.

O homem integrado no casamento e com Deus, além de mais responsável pela criança, sente-se grato a Deus por lhe dar um filho e mais saudável será o relacionamento entre pai, mãe e filho.

Não podemos deixar somente nosso trabalho nos consumir. Devemos ter tempo para nossas crianças. Eu pelo menos, não consigo chegar a casa estressado do trabalho e não abrir um sorriso quando minha filha vem correndo me abraçar. Muitos ficam envolvidos com o trabalho e as obrigações diárias e às vezes perdem momentos importantes na educação dos filhos. E quando vão perceber, já estão com idade avançada e aproveitaram poucos momentos juntos de seus filhos. Lembrando que todos nós temos condições de transformar qualquer pequeno gesto e qualquer momento com nossos filhos em algo extremamente prazeroso.

Devemos sempre lembrar que somente nós pais podemos evitar a falência de nossa família. Não podemos perder o amor entre pais e filhos. Não podemos deixar que a "sociedade moderna" contamine nenhum dos membros de nosso lar. Nós somos responsáveis por tudo isso.

Diariamente precisamos redescobrir a maneira de viver porque a vida é dinâmica e precisamos nos moldar às alterações impostas pelo mundo moderno. Precisamos reconstruir a vida, reinventando novos fatos e novos sonhos. O desânimo nunca pode ser maior que nossas esperanças. Nossos filhos devem sempre conviver neste meio, vendo os pais reinventarem suas próprias vidas, tendo novos sonhos e novas esperanças. Assistindo tudo isto, participando destas mudanças, os filhos aprenderão a ser assim também. Logo, com toda certeza, conseguirão enfrentar melhor as intempéries da vida.

Dessa forma, mudanças de hábitos favorecem nossa vida psíquica e de nossos filhos. Devemos sempre nos reconciliar para aceitar a nossa história. Não existem vergonhas. Nunca esquecer o passado, independente se ele foi bom ou não. Não devemos ter vergonha de nossas raízes. Deve-se aceitar tudo sempre, sem preconceitos. Devemos sempre buscar ser feliz.

Ser feliz não é ter uma família sem tempestades, sem dificuldades, sem sofrimento e sem dor. Ser feliz não é apenas valorizar o sorriso, mas aprender com a dor e com a tristeza. Não é apenas comemorar o sucesso dos filhos, mas ensiná-los o caminho quando têm fracasso. Para ser feliz, seu filho precisará de uma base sustentável formada principalmente pela autoestima e pelos valores a ele ensinados.

Ter uma família é poder ser feliz e saber que viver vale a pena, pelo simples fato de ser chamado de pai, ou de mãe.

Devemos ter maturidade e humildade para falar para nossos filhos que erramos e pedir desculpas. Podem ter certeza que ao fazer isso, nossos filhos também o farão, quando for necessário. Normalmente os pais morrem de medo de errar, temendo que os erros possam traumatizar seus filhos. De certa forma, é uma realidade. Devemos ter cuidado para não gerar traumas. Mas, não devemos ter medo de errar.

Todos nós erramos e isso deve ficar sempre muito claro para nossos filhos. Porém, o fato de errar não pode ser tratado como algo normal e banal, caso contrário, eles não se importarão se irão errar ou acertar. Pelo contrário, identificar o erro, pedir desculpas e solucionar a falha é algo necessário. Você deve fazer isso, mas sem deixar que seu filho perca a confiança em você.

Além de assumir os erros, nós também devemos identificar os momentos corretos de sermos firmes quando necessário. Obviamente que não se deve utilizar de violência em momento algum. Não subestime a inteligência dos seus filhos. Eles entenderão tudo o que você falar com eles em um diálogo e guardarão no subconsciente; o diálogo é o melhor caminho. Atos violentos apenas geram atos de violência, podem desencadear a raiva em seus filhos e não têm nenhuma força educativa.

80 - Filho não é uma Palavra Composta

Um filho sempre se espelha nos pais. Um filho do sexo masculino, por exemplo, com certeza visualizará o exemplo do pai. Ele observará como o pai trata as pessoas, como trata a mãe e os irmãos. A maneira que o pai vive a vida, a ética nos negócios e no trabalho. Todos os posicionamentos do pai frente a situações do cotidiano são observados pelo filho. É de suma importância que o pai não tenha medo de mostrar seus pontos fracos e seus erros, pois tanto os pais quanto os filhos aprenderão com eles. O pai sempre estará ensinando seu filho a viver, mesmo que não esteja consciente disso.

Da mesma maneira, uma filha, por exemplo, visualizará o exemplo da mãe. Ela observará todo o comportamento da mãe e desejará ser igual a ela. Quando vão se arrumar para um passeio, a criança deseja passar maquiagem para ficar igual à mãe. Quem nunca viu uma filha pequenina andando pela casa com os sapatos "enormes" da mãe em seus pequenos pés? É um momento realmente bonito de se ver. E quando a mãe vai ao salão de beleza? Obviamente que a filha também vai querer ir e também fazer as mesmas coisas como, por exemplo, passar esmaltes da mesma cor. Estes pequenos exemplos mostram o quanto a filha pode estar integrada com a mãe. Isto é muito importante. Obviamente que não vamos julgar neste momento se é certo ou errado passar maquiagem e esmaltes em uma criança. Este julgamento foge do escopo deste livro. O que cabe aqui é ressaltar a integração da família e nesse caso, da mãe com a filha. Veja o quanto são importantes estes pequenos atos!

Imagine uma criança de aproximadamente três anos. Essa criança está no início do aprendizado e da formação de sua personalidade. Quando ela cometer algum erro, você poderá dizer: "lembra quando o papai errou, o que eu disse?" Você logo vai perceber que seu filho também aprenderá a pedir desculpas naturalmente. Seguirá o seu exemplo e, como seguirá seu exemplo, trabalhará para minimizar os erros cada vez mais, tentando melhorar a cada dia, mesmo que de forma inconsciente, também seguindo seu exemplo.

A gravidez do pai se dá primeiro no coração onde o sentimento de paternidade é gerado. Tudo se transformará na mais completa alegria a partir do momento em que ele ficar grávido; independente se grávido biologicamente ou do coração. E nesse tempo de espera, ficará imaginando como será o seu bebê. Se ele terá a mesma cor dos seus olhos ou o seu sorriso. E quando a hora do parto chegar ou da efetivação da adoção, a angústia somente terá fim quando tiver seu filho em seus braços.

Em instantes o pai sentirá que a vida nunca mais será a mesma. Então compreenderá o verdadeiro sentido da vida e saberá que a cada lágrima chorada, seu filho te dará um sorriso e você aprenderá o real significado do amor: o amor de pai. Ser pai não tem preço!

Uma pesquisa foi realizada recentemente pela Escola Superior de Propaganda e Marketing (ESPM) em 2013 com a finalidade de verificar quanto custaria criar um filho até ele completar 18 anos. No final dos estudos, os pesquisadores chegaram ao valor de R$ 200.000,00. Duzentos mil reais, para uma família de classe média criar um filho. Esse valor é chocante para grande parte da população brasileira. Imagine uma família que tenha cinco filhos? Além disso, esse valor não cobre a formação escolar.

Podemos entender que este valor é completamente variável de acordo com o padrão de vida da família. Porém, neste livro utilizaremos este valor apenas como exemplo.

Obviamente que se pensarmos no valor total, pago de uma só vez, é um número alto para uma família de classe média. Porém, ele é parcelado ao longo dos anos. Ele se traduz em: R$ 11.111,11 por ano, R$ 925,93 por mês ou R$ 30,86 por dia. Ah! O valor de R$ 30,86 ao dia já não é tão difícil de conseguir!

E o que você ganha com esses duzentos mil reais? Ganha o direito de dar nomes aos filhos, risadinhas debaixo das cobertas todas as noites, mais amor do que seu coração possa suportar, beijos jogados ao ar, abraços apertados e infinitas admirações, por formigas, jacarés, bailarinas, nuvens, biscoitos, chocolates, desenhos animados e outros personagens infantis. Ganha o direito de ser um parceiro para fazer bolinhas de sabão. Em resumo, ganha alguém para fazer você rir como um "bobo".

Você deve brincar com seus filhos, nunca deixar de acreditar em Papai Noel, continuar a ler historinhas, assistir sempre desenho animado na TV, mesmo que seu programa favorito esteja sendo transmitido em outro canal.

Você recebe lembrancinhas feitas por seus filhos na escola, corações, flores e cartões.

Por duzentos mil reais você será um super-herói por recuperar um brinquedo do telhado ou que caiu debaixo do sofá, por ensinar a andar de bicicleta, cuidar quando se machucam e fazer bola de chiclete sem estourar. Você tem o lugar número um na fila dessa história: dos primeiros passos, dos primeiros sorrisos, das primeiras palavras, do primeiro sutiã, do primeiro namoro, da primeira vez atrás do volante do carro.

Você está simplesmente iniciando a história de um ser, fazendo parte dela e sendo responsável por ela. E se Deus permitir, você terá muitos netos e bisnetos com os nomes escritos em seu obituário. Isso, apesar de ser bucólico, é a grande certeza que temos se tivemos sucesso como pessoa, ou seja, inúmeros parentes e amigos prestando as últimas homenagens. Caso você não seja alguém que esteja fazendo a diferença hoje na vida das pessoas, poucos estarão presentes nesta data. Além disso, ter muitos netos e bisnetos é a realização de grandes sonhos que iniciaram no momento do desejo primário de ser pai, da escolha da forma de se conceber o filho e do desejo de formar uma família.

Criando seu filho, você recebe o diploma de: Psicologia, Enfermagem, Direito, Educação e Comunicação, por exemplo. Isso tudo sem necessitar cursar faculdade. Aos olhos de uma criança, em especial seu filho, você localiza-se logo abaixo de Deus.

Você tem o poder para acabar com um choro, espantar os "bichos" que estão debaixo da cama e remendar um coração partido. Ame muito e curta seus filhos, netos e bisnetos. É o melhor investimento que você fará!

Dessa forma, com toda a certeza, os duzentos mil reais são muito baratos por ter e por poder fazer parte de tudo isso. Essa é a grande importância dos pais: investir um bom dinheiro na formação de seus filhos, mas ter muita coisa em troca, principalmente amor.

Resumindo, não existe nada no mundo que pague, ou que possa deixar um ser humano mais feliz do que ser pai e ser mãe. É uma dádiva de Deus!

Entretanto, mesmo que você não tenha tanto dinheiro para investir na criação do seu filho, não se preocupe. Você conseguirá criar e educar seus filhos dentro de suas possibilidades, buscando sempre o caminho do bem, com ética e outros valores já citados anteriormente.

Além disso, o investimento citado foi apenas um exemplo, com apenas o intuito de demonstrar que mesmo gastando um bom dinheiro, o retorno é muito maior e não tem preço, independente do montante financeiro investido em nossos filhos. Obviamente que cada família irá investir a quantidade que estiver ao seu alcance, dentro de suas possibilidades.

E, lembre-se que em nenhum momento terá distinção pela forma que seu filho foi concebido, não terá nenhuma palavra composta, pois o amor é único e guiará sua família. A importância dos pais não pode ser medida, pois o simples fato de guiar a vida de um ser, já é uma responsabilidade enorme e sublime.

Acredito que você já possa ter assistido ao filme Um Ato de Coragem, interpretado pelo ator Denzel Washington. Entretanto, gostaria de resumi-lo, pois este filme mostra pontos importantes e até mesmo questionáveis do que um pai pode fazer por um filho. Com toda certeza o conteúdo do filme nos mostra o quanto os pais são importantes para os filhos, mas também o quanto um filho é importante para um pai.

Em Um Ato de Coragem o ator Denzel Washington interpreta John Quincy Archibald, um homem comum que trabalha em uma fábrica e pai de família que enfrenta sérios problemas financeiros. Apesar destes problemas, John é uma pessoa muito bem intencionada e amoroso com sua esposa. A esposa e o filho são as alegrias da vida dele.

A maior crise da vida de John começa quando ele está torcendo pelo seu filho em um jogo de baseball infantil. Durante a partida, na arquibancada, o pai assiste desesperado o menino desmaiar no campo. John corre para pegar seu filho no colo e levá-lo imediatamente para o hospital. Após alguns exames, John recebe a notícia de que seu filho tem um problema sério no coração e precisa de um transplante urgente. Caso contrário, seu filho poderá morrer em poucos dias. Mas, o maior problema é que o seguro (Plano de saúde no Brasil) de John não tem cobertura a transplantes. O custo da cirurgia é de duzentos e cinquenta mil dólares e John não possui este dinheiro.

John se recusa simplesmente a aceitar a morte do filho e tenta desesperadamente encontrar uma saída para a situação. Vende tudo o que tem e conta com a ajuda de amigos, que fazem doações. Mesmo assim, John não consegue levantar todo o valor necessário para a cirurgia e o hospital decide dar alta no dia seguinte pelo não pagamento.

John então jura que fará o que for preciso para manter seu filho vivo. Correndo contra o tempo e se vendo sem saída, toma uma atitude desesperada, invade o hospital e domina todo o setor de emergência do hospital, fazendo diversas pessoas como reféns. Com essa ação, ele acaba prejudicando outras pessoas que também precisam de tratamento médico do setor de emergência. Mas, ele não pensa nisso. É um pai desesperado pensando na vida do filho. Logo o hospital está cercado pela imprensa, pelo público e pela polícia. Na mira de atiradores de elite, sendo considerado um criminoso, John não sabe como tudo terminará, mas tem uma certeza em sua mente. Ele não irá sepultar seu filho. John simplesmente quer que seu filho seja incluído na lista de espera de doação de órgãos.

Entretanto, dado todas as incertezas e pela tentativa que um policial teve de matá-lo, John decide que vai se matar para que o cirurgião, que está como refém, retire seu coração e faça o transplante em seu filho. O cirurgião explica que ele pode não ser compatível com o filho, mas John não desiste e alega que é a única esperança para salvar seu filho.

Porém, no último momento, quando John está prestes a se matar, todos os envolvidos são avisados de que o filho de John havia sido incluído na lista de espera para o transplante e por "sorte" encontraram um doador compatível.

Atingindo seu objetivo, que era de salvar seu filho, John se entrega para a polícia e seu filho é salvo. John é preso, julgado e condenado a alguns anos de prisão. Porém, o amor e a perseverança salvaram seu filho da morte.

Obviamente que nenhum médico aceitaria realizar um transplante de coração dessa maneira. Mas, certamente que se dependesse de nós, pais, daríamos nossa vida por nossos filhos nessa circunstância. Esse é o amor verdadeiro. Esta é a grande importância que temos para nossos filhos. Somos o exemplo deles e eles são nossas vidas.

A análise feita por John no filme foi clara, trocar alguns anos de prisão pela vida do filho. Porém, ele cometeu alguns atos graves que foram: tomar pessoas inocentes como reféns e ter alterado o atendimento do hospital prejudicando outras vidas. Mas, como julgar um pai desesperado para salvar a vida do seu filho?

Além da história do filme, vou citar uma frase do Steve Jobs, fundador da Apple, que ficou famosa ao longo do tempo e tomarei a liberdade de fazer um comentário a respeito."Ser o homem mais rico do cemitério não é o mais importante para mim. Ir para cama à noite e pensar que fiz algo grande. Isto sim é importante", disse Jobs em algum momento de sua vida.

Esta frase pode até não ter sido escrita com esta finalidade e dificilmente nesse momento saberemos o significado real. Mas, podemos expandir este significado, no meu ponto de vista, para: de nada adianta ir para o cemitério como o homem mais rico do mundo se não consegui ensinar meus filhos, criá-los e educá-los. Isto sim seria algo grandioso e que daria enorme prazer ao ir deitar à noite e adormecer tranquilamente.

Todas as pessoas têm defeitos e qualidades, apesar de serem questões subjetivas; ou seja, o que é defeito para mim pode ser uma qualidade para você e vice-versa. Em determinados momentos da vida, nossos filhos descobrirão que não somos super-heróis e que também temos nossas falhas. Mas, devemos ensiná-los que estamos em busca de sermos melhores a cada dia, utilizando a nossa experiência do passado e conseguindo visualizar erros e acertos de outras pessoas para o processo de melhoria contínua que deve guiar nossa vida.

Para nossos filhos, precisamos ser imortais. E ser imortal é colocar na vida de alguém, algum ensinamento que ficará na mente dessa pessoa por toda a vida, ou seja, a pessoa que ensinou pode falecer, mas o ensinamento deixado não se perderá. Isso é ser imortal para uma pessoa. E quanto mais pessoas souberem de seus ensinamentos, maior será a sua importância para a humanidade.

Os pais devem escrever suas vidas e construí-la com valores para ser imortal para sua família. Prepare-se para ser imortal! O que você está fazendo para se tornar imortal? O que você está escrevendo na página da sua vida hoje? Você é quem escolhe o que vai escrever. Seu romance, seu livro, sua vida, será imortal?

E para ser imortal, o pai precisará ensinar seu filho e para ensinar, o pai precisará educar. Logo, o pai precisa: ensinar a sorrir, ensinar a chorar, ser cultivador de amizades, ensinar o filho a respeitar as pessoas, ensinar a agir e transformar sonhos em realidade, ensinar a conviver com a diferença e ensinar a vencer os desafios da vida. Ensinar a tratar as pessoas com respeito, independente do passado delas ou de quanto dinheiro possuem. Todas as pessoas devem ser respeitadas igualmente. Ensinar valores essenciais como amor, amizade, lealdade, respeito, dentre alguns outros.

A principal tarefa e ensinamento a ser transmitido pelos pais é a formação do caráter reto, incluindo todos os valores já abordados anteriormente, criando um filho íntegro, com valores morais e éticos. A formação desses conceitos pela criança acontece gradativamente e sob orientação. Conceitos morais são aprendidos e devem ser de preferência com os pais, pois são as pessoas que dão amor e são o porto seguro da criança.

Mesmo com todos esses ensinamentos, no mundo moderno necessitamos ser superpais e supermães. Nesse contexto, utilizaremos nos parágrafos abaixo apenas a palavra superpai, para generalizar e englobar pais e mães em qualquer momento.

E porque utilizar o superlativo? Simplesmente pelo fato de que no mundo moderno, criar filhos está exigindo muito dos pais, principalmente devido à falta de valores, consumismo e até mesmo falta de respeito com o próximo, com os pais e demais familiares.

O superpai é um homem que pode ser rico ou pobre e pode ter grande cultura ou não.

O superpai é simplesmente um homem como qualquer outro, que ri, chora, se derrete com o sorriso de uma criança. O superpai é alguém que trabalha duro para oferecer à sua família o alimento, o abrigo, o agasalho e os estudos dos filhos.

O superpai nem sempre pode dar materialmente tudo o que seus filhos desejam, mas fornece o que está ao seu alcance com dignidade.

O superpai é um homem que encontra tempo para estar com sua família e tem sempre disposição para ouvir, sentir e cuidar dela. Mas, o superpai também pode ter direito de errar. Às vezes, faz coisas das quais se arrepende. Como por exemplo, perder a paciência diante da teimosia do filho e levantar a voz para repreender o filho por algum ato falho. Porém, o superpai tem a capacidade de refletir suas atitudes, tem a nobreza de reconhecer o seu erro e pedir desculpas ao filho. Depois os abraça e beija, ensinando ao filho que errar e pedir perdão também faz parte da vida.

Entretanto, na sociedade moderna nem sempre é possível ser superpai. Parece mesmo impossível, pois nossa sociedade atualmente criou outro modelo de pai, aquele que sai de casa muito cedo e volta tarde da noite. Aquele que sai de casa na segunda pela manhã e somente volta na sexta ou no sábado para casa. O pai que apenas vê os filhos dormindo durante a semana e acordados só nos finais de semana.

E para piorar, muitos pais, para compensar a ausência, compram produtos que nunca tiveram, mas sonharam possuir e presenteiam seus filhos, criando filhos consumistas. Enchem os filhos de brinquedos, roupas de grife, dentre outros itens relacionados ao consumismo. Procuram substituir sua ausência através dos bens materiais. Mas, precisamos admitir que nada disso substitui a presença do pai.

Essa corrida desenfreada que os pais participam pelo trabalho, pelo dinheiro, pelo status e pelo poder está nos inserindo em um patamar difícil de ensinar grandes valores aos nossos filhos. De repente, nós mesmos não temos esses valores aflorados, uma vez que estamos substituindo nossa família por dinheiro, poder e status.

Creio que precisamos realmente revolucionar nossas vidas, caso sejamos algum desses pais. Precisamos ser pais presentes, precisamos nos tornar superpais, precisamos dizer não ao sistema que nos empurra para longe de nossas famílias, longe daqueles que mais amamos. São estes os valores que queremos ensinar aos nossos filhos? E normalmente fazemos isso por dinheiro. Precisamos de tanto para viver?

Se formos avaliar, para viver, precisamos de muito pouco. Nossos filhos ficarão muito mais felizes em viver com menos dinheiro, mas com os pais presentes. Ao contrário, seria a mesma coisa que dizer que o ser humano não é definido pelos seus afetos, valores e amores, mas apenas por sua profissão, sua posição social ou pela quantidade de dinheiro que ele conseguiu acumular ao longo da vida.

É necessário compreender que nossos filhos precisam da presença de nós pais. Eles precisam da nossa influência na tomada de decisões importantes da vida. Precisamos estar ao lado deles sempre para compormos lembranças agradáveis que eles terão de nós ao longo de suas vidas e que esta presença seja capaz de impor limites aos filhos de acordo com o que os pais definirem como importantes na educação deles. Mesmo assim, no mundo moderno, muitos pais são mal compreendidos por tentarem impor limites.

Estabelecer regras e colocar limites não é nenhuma tragédia, todas as crianças necessitam. E o que elas mais precisam é de amor e segurança. Uma das maneiras de dar segurança é deixar bem claras quais são as regras a serem seguidas e estabelecer nitidamente os limites em relação à liberdade que lhes é concedida.

Você deve ser firme, porém justo. Você precisa ser coerente diariamente, caso contrário, seus filhos aprenderão quais são seus pontos fracos quando você perder a coerência e não seguirão as regras impostas. Eles são inteligentes o suficiente para isto.

Assim, às vezes é necessário utilizar o poder que você tem sobre seus filhos. Se ele transgrediu alguma regra, este é o momento. Se você não fizer isso, seu filho poderá transgredir regras sérias impostas pela sociedade no futuro. Portanto, verifique qual foi a transgressão, descreva para seu filho o impacto que ela pode causar, sugira alternativas, descreva a punição e diga o que você espera do comportamento dele da próxima vez.

Impor limites é dar exemplos, diferenciar sempre o certo do errado, o bem do mal. Impor limites é ser firme quando necessário, mas com diálogo sempre; nunca utilizando de atos violentos.

90 - Filho não é uma Palavra Composta

Todos os nossos filhos devem entender quais são os limites da família.

Além disso, cada indivíduo nunca deverá esquecer que a liberdade dele vai somente até onde a liberdade do outro indivíduo começa. Isto é a base para o respeito entre os seres humanos.

Enfim, qual a importância dos pais? Podemos responder com certeza que a importância dos pais está em ensinar a viver, ensinar valores, proteger a família e criar filhos que consigam ser capazes de ter sucesso na vida, dentro de limites pré-estabelecidos. E quando digo sucesso, não estou dizendo obrigatoriamente sucesso financeiro. Mas, sucesso como indivíduo, como ser humano, que seja uma pessoa nobre, respeitosa e ética. E que nossos filhos possam no futuro deitar a noite e virar-se para a sua esposa com um sorriso no rosto e dizer que tem a mente e o coração tranquilos. Isso quer dizer simplesmente que o pai deste filho teve êxito em sua criação e educação, transformando o futuro dessa pessoa, fazendo dela uma pessoa reta e feliz.

Devemos lembrar que os filhos não são nossos. Apenas nos são emprestados por Deus com a grande tarefa de cuidarmos, o melhor possível, da formação deles para que possam atuar como cidadãos íntegros em todos os aspectos.

Você tem em mente como fazer isso? Sabe como atuar? Qual futuro você quer para seu filho? Para responder a essas perguntas, apenas faça sua parte, o que lhe cabe, com responsabilidade, e o futuro dos seus filhos será brilhante. Logo, quanto mais competente você for, menos necessário você será para o seu filho, pois ele conseguirá caminhar sozinho. Tudo isso, independente de laços de sangue. Essas atividades e ações dos pais formam laços afetivos e de ternura muito fortes e serão sempre mantidos, assim como todos os exemplos e ensinamentos dados ao longo da vida.

Resumidamente, para educar bem seus filhos, você pode pensar em seguir os itens abaixo:

1. O que os pais fazem é importante e copiado;
2. O seu amor jamais será excessivo;
3. Participe da vida dos seus filhos;
4. Adapte seu modo de tratar seus filhos às características de cada um, mas sem desenvolver privilégios e/ou preconceitos;
5. Estabeleça regras e coloque limites;
6. Ajude seus filhos a se tornarem independentes;
7. Seja consciente;
8. Evite castigos severos;
9. Explique sempre suas regras e decisões;
10. E por fim, sempre trate seus filhos com respeito.

Perceba também que em nenhum momento deste capítulo utilizamos a palavra filho de maneira composta, adjetivada. Tudo o que citamos neste capítulo e citaremos no próximo são questões independentes da forma como os filhos foram concebidos.

Capítulo 6 – O Futuro de Seus Filhos

"A criança é boa por natureza.
A sociedade é que as corrompe."
Jean-Jacques Rousseau

Como disse Jean-Jacques Rousseau na citação acima: "A criança é boa por natureza. A sociedade é que as corrompe". E nós, pais, fazemos parte desta sociedade, com boa parte de responsabilidade. Nós devemos acompanhar nossos filhos em todos os momentos de suas vidas, para minimizarmos o risco deles serem corrompidos. Neste momento cabe uma reflexão individual se realmente estamos acompanhando a vida de nossos filhos.

Desta forma, o futuro de nossos filhos está em nossas mãos. Esta é uma grande obrigação que nós temos. Além do acompanhamento que citamos, outro fator preponderante para o futuro de nossos filhos é que eles simplesmente repetem os nossos atos, ou seja, repetem os atos dos pais. Serão reflexo do que somos. Quem nunca ouviu um ditado popular: "se quiser conhecer uma mulher, conheça a mãe dela". Obviamente que este ditado não é válido para cem por cento dos casos, porém, para a maioria é.

Quando vocês olham para seus filhos e tentam imaginar o futuro deles, vocês pensam em quê? Inicialmente eu penso que o futuro deles está em minhas mãos. Todo o futuro deles depende de nossas escolhas, de nossos valores e de tudo o que estamos vivendo hoje.

Atividades que parecem simples, como a forma que tratamos os outros seres humanos, nossa esposa, nossos pais, nossos amigos, tudo isto reflete na personalidade que estamos ajudando a criar em nossos filhos.

94 - Filho não é uma Palavra Composta

É necessário ter coragem e perseverança para que possamos enfrentar os padrões negativos existentes nos dias atuais com a finalidade de criar filhos saudáveis, felizes, éticos e bem ajustados. Ser pai ou mãe é uma tarefa nobre.

Atualmente, existem muitos padrões que considero negativos e que atrapalham o desenvolvimento de nossas crianças. A cada dia as crianças estão perdendo a infância e/ou a adolescência e pulando etapas da vida. E, a cada salto dado, gera-se um desequilíbrio no desenvolvimento, que no futuro será prejudicial para esta pessoa.

Nossos filhos devem ter infância e brincar. Ter adolescência para depois virarem adultos. Para tudo tem o tempo exato. Brincadeiras "antigas" como jogos com bola, amarelinho, pique-esconde, dentre outras, são de grande importância para a socialização das crianças; mas, as crianças estão utilizando brinquedos eletrônicos, computadores, vídeo games e celulares cada vez mais cedo, reduzindo sua socialização.

Na adolescência também tem o momento exato para começar os primeiros namoros. Tem o momento exato para iniciar a vida sexual. E, obviamente, tudo na medida exata, uma vez que nessa etapa da vida, a formação escolar é de suma importância na preparação do adolescente para o ingresso em uma faculdade e para a formação de sua personalidade. E tudo isso direcionará o futuro profissional e pessoal desse adolescente. Você se considera presente nessa etapa? Você tem diálogos com seus filhos a respeito da vida sexual? Reflita sobre isso e sobre os reflexos em sua vida e na vida de sua família.

Logo, precisamos ter coragem e perseverança para impor os limites necessários para que a humanidade possa realmente evoluir, ou seja, que nossos filhos sejam melhores do que somos atualmente.

Nós sabemos o quão gratificante é criar filhos seguros de si mesmos, positivos, pacientes, compreensivos, amorosos, felizes, determinados, generosos, verdadeiros, justos, respeitosos, honestos e éticos. Não podemos nos subestimar. Com coragem podemos criar nossos filhos baseados nestes valores e em vários outros que você julgue importante. Afinal, somos quem queremos ser!

Olhe para a sua vida e veja o que já fez e quais foram suas atitudes. Elas foram corretas? Das atitudes erradas você pediu desculpas para sua família e seus filhos? O que você pode mudar para melhorar? Em algum dia, seu filho irá realizar as mesmas atitudes que você. Seu filho vê você negociando e "passando os outros para trás"? Pode ter certeza que seu filho passará a negociar dessa maneira também. Isso é correto? São esses os valores que você quer para o seu filho?

Nas últimas décadas nossas vidas têm mudado drasticamente com as evoluções tecnológicas. O desenvolvimento dessas tecnologias tem feito com que nós déssemos um salto em produtividade e eficiência em nossos trabalhos. Mas todos nós estamos conseguindo utilizar a tecnologia para melhorar nossa qualidade de vida? E como estamos preparando nossos filhos para esta evolução que continuará acontecendo a cada dia?

Devemos nos preocupar com o futuro dos nossos filhos cada vez mais cedo. Antigamente um diploma universitário era garantia de um bom emprego. Atualmente, isto já não é uma realidade. A formação acadêmica tornou-se apenas obrigação e não mais um diferencial. Além disso, essa obrigação deve estar recheada de grandes conhecimentos e boas notas para que se possa começar a concorrer em um mercado cada vez mais competitivo.

Entretanto, a maioria das competências que são exigidas hoje pelas empresas, não é aprendida nas escolas, são aprendidas em casa. Hoje, atitude, caráter, ética, dignidade, dentre outros valores ensinados pelos pais são tratados como diferenciais. Antigamente, estes valores eram obrigação, eram fatores inerentes às pessoas e diferentes eram aqueles que não os tinha. No passado, era o diploma universitário que diferenciava os profissionais. Perceba que tivemos ao longo dos anos uma inversão desses papéis. Logo, fica cada vez mais clara a importância de uma boa criação e educação em casa. Assim, a importância dos

96 - Filho não é uma Palavra Composta

pais está sendo cada vez mais necessária devido à inversão de valores. Além disso, devemos lembrar que no passado e em alguns poucos casos no presente, geralmente a mulher, estava presente diariamente em casa acompanhando os filhos. Hoje, a grande maioria dos casais trabalha fora de casa, tanto o pai quanto a mãe, dificultando um pouco este acompanhamento. Mas como disse, dificultando um pouco, mas não impossibilitando.

Temos ensinado nossos filhos a ter flexibilidade? No mundo moderno, não só a tecnologia, mas praticamente tudo está mudando em uma velocidade muito grande. Assim, sempre precisaremos ter certa dose de flexibilidade. Talvez precisássemos ensiná-los a ser como as águas da chuva, que sempre encontram um caminho para escoar; devêssemos ensiná-los a sempre buscar alternativas para suas vidas. Mas não podemos esquecer que essas alternativas não podem fugir dos valores por eles aprendidos.

Temos ensinado nossos filhos a ter iniciativa? Não podemos e nem devemos ser pais superprotetores. Precisamos deixar nossos filhos "se virarem" às vezes para que eles possam desenvolver habilidades que lhes serão úteis no futuro. Tendo iniciativa, com certeza nossos filhos não se abalarão por qualquer problema. Sempre que algo novo aparecer, independente da dificuldade, eles serão capazes de arregaçar as mangas e enfrentar todos os problemas sem dificuldade e sem medo.

Atualmente, conseguimos desenvolver tecnologia, mas estamos cada vez menos sociáveis e obviamente, estamos nos afastando das outras pessoas e tendo cada dia mais "amigos virtuais". Mas não é a mesma coisa. Não conseguimos enxergar as dores de nossos amigos, a não ser que ele nos fale por algum programa de mensagem instantânea ou rede social. Boa parte da população mundial já está deprimida e/ou estressada em decorrência disso. E como estamos preparando nossos filhos para essa questão? Eles estão sendo sociáveis de forma ética?

O empresário Antônio Ermírio de Moraes disse: "Se não tomarmos cuidado, no próximo milênio não vamos ter nem ética

Capítulo 6 - O Futuro de Seus Filhos - 97

e nem dignidade no dicionário português. Estas palavras serão substituídas por esperteza". Eu não sei se estamos precisando esperar o próximo milênio para que isso ocorra. Sempre precisamos adotar posturas éticas e íntegras, sempre com dignidade em relação ao trabalho, amigos, fornecedores, clientes e com as pessoas de nossas famílias. Caso não tenhamos tal postura, podemos dizer que estamos "tirando proveito" das situações e "levando vantagens".

Devemos ensinar nossos filhos a utilizar sempre esses conceitos para que não sejam taxados de pessoas desonestas. Sabemos que ética e dignidade são valores ensinados pelos pais. São valores que "vêm de berço." Estamos ensinando isso?

Fatores simples podem auxiliar nossos filhos a aprenderem essas duas palavrinhas. Estamos sendo sempre corretos? Cumprimos todas as regras? Estamos sendo corruptos? Ou estamos tendo até mesmo outras atitudes simples, como jogar lixo pela janela do carro, atravessar sinal vermelho ou desperdiçar água e energia. Se nossos filhos crescerem vendo isso todos os dias, o que podemos esperar deles?

Albert Einstein disse um dia: "Toda a felicidade dos homens nasce da esperança". Logo, podemos perceber que mesmo muitos anos tendo se passado, esta frase parece que foi dita para o mundo moderno. A felicidade de nossos filhos nasce através de nossa esperança e de nossos sonhos. E devemos, por obrigação, transformar essa esperança em ações para que todo o crescimento e desenvolvimento desses seres indefesos sejam baseados nos princípios básicos que citamos. Assim, nossa esperança se tornará realidade e nossos filhos serão felizes no futuro.

Precisamos sempre ter posturas positivas em relação à vida. Fatores negativos acontecem todos os dias e não devemos nos apegar a eles. Devemos aprender com os erros e sermos fortes e positivos sempre. Assim também serão nossos filhos!

Quando pensamos em preparar nossos filhos para o futuro, devemos sempre lembrar que cabe à família cumprir o papel de humanizar o indivíduo. Um ser humanizado pode se tornar um cidadão educado e em condições de prosseguir estudos superiores. Além disso, eles terão capacidade de conquistar a realização pessoal e profissional e contribuir para a melhoria da qualidade de vida da sociedade. Mas em momento algum, devemos nos esquecer do papel da família na educação das crianças.

No campo profissional, nosso maior desafio é ensinar nossos filhos a trabalhar e não a ter um emprego. São duas coisas bem diferentes e essa simples atitude aliada às outras já citadas aqui, farão dele uma pessoa de sucesso. Além disso, devemos criar filhos sociáveis para que eles tenham uma boa rede de relacionamento, para que conheçam seus valores e sua capacidade técnica. Isso fará com que eles também sejam muito bem vistos pelo mercado. Assim, no campo profissional, podemos perceber em diversas literaturas, que precisamos auxiliar nossos filhos com as seguintes características:

- Possuir capacidade de raciocínio, criatividade e iniciativa;
- Possuir capacidade de comunicação em mais de um idioma;
- Possuir capacidade de compreensão de outras culturas;
- Possuir capacidade para criar, decidir e trabalhar em grupo;
- Possuir capacidade de compreender estruturas abertas, pouco hierarquizadas nas empresas modernas;
- Possuir alta competência em leitura e escrita;
- Possuir alta competência com pensamento e raciocínio matemático, para saber coletar, armazenar e organizar dados e posteriormente interpretar os fatos;
- Obviamente que outras características também são importantes dependendo da área de atuação que a pessoa definir.

Conforme já falamos anteriormente, também não podemos nos esquecer da educação que vem de berço, que será um diferencial para nossos filhos no mercado de trabalho e por toda a vida deles. Você ensina seu filho a dizer algumas palavrinhas mágicas, como: por favor, obrigado, com licença e desculpa? Estas palavrinhas também podem tornar seu filho uma pessoa diferenciada e educada. Mas não faça isso apenas para que as outras pessoas façam avaliações positivas sobre seus filhos. Faça isso para que eles sejam mais felizes. Tratando as outras pessoas dessa maneira, com certeza estas outras pessoas também os tratarão assim. Logo, a chance de conflitos diminui bastante. Trate com respeito para ser respeitado.

Outro ponto preponderante para o futuro de nossos filhos é a escolha da profissão que eles exercerão e o papel dos pais nessa escolha. Infelizmente nos dias atuais, onde os valores estão invertidos e a pessoa é medida pelo volume financeiro acumulado, boa parte dos pais simplesmente se preocupa em orientar os filhos a buscarem uma profissão que ofereça opções de boa remuneração, por status perante a sociedade, ou para realizarem o seu sonho na profissão dos filhos. Poucos pais incentivam seus filhos a buscarem a profissão que lhes darão mais prazer em trabalhar, que eles gostem e que os tornem felizes. A busca pela felicidade deve prevalecer sempre.

Todas as profissões têm profissionais bem sucedidos financeiramente. Também temos profissionais de áreas ditas "boas financeiramente", que são péssimos profissionais e consequentemente não têm uma boa remuneração. Os filhos têm o direito de escolher o próprio futuro profissional. O filho não é necessariamente uma cópia fiel dos pais. Ele se espelha em nos pais e em seus atos. O filho não pode satisfazer desejos não realizados pelos pais. Cabe aos pais a orientação dos prós e contras de cada profissão, sem influenciar diretamente na decisão dos filhos.

Os filhos deverão avaliar a profissão que lhes dá prazer e que eles terão amor. Quem escolheu a profissão dessa forma, sabe o

100 - Filho não é uma Palavra Composta

que estou dizendo. Com essa escolha, você não trabalhará. Você irá se "divertir" todos os dias e ainda será remunerado por isso. Esse é o sonho de qualquer pessoa e qualquer profissional.

Outro ponto a ser trabalhado nessas duas questões é que devemos "medir" as pessoas pelo que elas são e não pelo que elas têm. Devemos ensinar issso aos nossos filhos. E o aprendizado desse quesito poderá e deverá influenciar na escolha do futuro profissional, assim como nas demais escolhas da vida.

Para a escolha da profissão, todos os anos escolares influenciam na decisão, inclusive o apoio que os pais deram ao longo de todo este tempo. Assim, faço alguns questionamentos que são importantes para uma autorreflexão do seu desempenho relacionado aos seus filhos durante a vida deles, principalmente no início da vida profissional, que para mim se dá no início dos estudos de cada um de nossos filhos. Estudar também é profissão.

O que é sucesso para você?

Você procura a escola somente quando seus filhos têm algum problema?

Você deixa a educação de seus filhos apenas para a escola, ou se preocupa com ela em casa?

Você conversa com seus filhos sobre o mercado de trabalho?

Qual a importância do dinheiro para a família?

Para os filhos se saírem bem nas provas, você promete presentes?

Cada resposta pode direcionar os valores para você e sua família no desenvolvimento profissional do seu filho. Obviamente que para tudo isso ter resultado positivo, devemos ensinar nossos filhos a não ter medo de aprender coisas novas, ter disciplina durante as aulas, estudar diariamente e ler com boa frequência.

A autora Dorothy Laq Nolte, em seu livro As Crianças Aprendem o Que Vivenciam, descreve alguns pontos importantes sobre o tema que abordo neste capítulo. Em seu livro, Dorothy cita que:

"Se as crianças vivem ouvindo críticas, elas aprenderão a condenar.

Se as crianças convivem com a hostilidade, aprenderão a brigar.

Se as crianças vivem com medo, aprenderão a ser medrosas.

Se as crianças convivem com a pena, aprenderão a ter pena de si mesmas.

Se as crianças vivem sendo ridicularizadas, aprenderão a ser tímidas.

Se as crianças convivem com a inveja, aprenderão a invejar.

Se as crianças vivem com vergonha, aprenderão a sentir culpa.

Se as crianças vivem sendo incentivadas, aprenderão a ter confiança em si mesmas.

Se as crianças vivenciam a tolerância, aprenderão a ser pacientes.

Se as crianças vivenciam os elogios, aprenderão a apreciar.

Se as crianças vivenciam a aceitação, aprenderão a amar.

Se as crianças vivenciam a aprovação, aprenderão a gostar de si mesmas.

Se as crianças vivenciam o reconhecimento, aprenderão que é bom ter um objetivo.

Se as crianças vivem partilhando, aprenderão o que é generosidade.

Se as crianças convivem com a sinceridade, aprenderão a veracidade.

Se as crianças convivem com a equidade, aprenderão o que é justiça.

Se as crianças convivem com a bondade e a consideração, aprenderão o que é respeito.

Se as crianças vivem com segurança, aprenderão a ter confiança em si mesmas e naqueles que as cercam.

Se as crianças convivem com a afabilidade e a amizade, aprenderão que o mundo é um bom lugar para se viver.

Perceba que nada acima é impossível de ser estabelecido como regras básicas do funcionamento do seu lar. Pense em mudar suas atitudes e de todos os membros da família, que as atitudes do seu filho também mudarão. Ao longo de todo este livro temos tratado esses aspectos. Os filhos são os espelhos dos pais.

Já Augusto Cury, em seu livro, Pais Brilhantes, Professores Fascinantes, diz que:

Bons pais dão presentes, pais brilhantes dão seu próprio ser.

Bons pais nutrem seu corpo, pais brilhantes nutrem a personalidade.

Bons pais corrigem os erros, pais brilhantes ensinam a pensar.

Bons pais preparam os filhos para os aplausos, pais brilhantes preparam os filhos para os fracassos.

Bons pais conversam, pais brilhantes dialogam como amigos.

Bons pais dão informações, pais brilhantes contam histórias.

Bons pais dão oportunidades, pais brilhantes nunca desistem.

Perceba também nesses pontos citados por Augusto Cury e decida se você quer ser um bom pai ou um pai brilhante. Se você quer ser um superpai ou não. Lembra em um capítulo anterior onde citamos o super-herói que precisamos ser nos dias atuais? Cabe a você decidir e posteriormente agir. Lembre-se sempre!

O sorriso de uma criança não se compra. Não adianta dar apenas bens materiais, não adianta arrumar desculpas. Os fracassados arrumam desculpas; os vitoriosos lutam sempre, não tendo medo das derrotas. Só é derrotado quem luta. Logo, lute pela educação e criação dos seus filhos, principalmente por valores.

Valores negativos como inveja, vergonha, falta de confiança, falta de tolerância, baixa autoestima, falta de generosidade, falta de justiça, falta de respeito, falta de segurança não são bons para a educação de nossos filhos. Devemos ensinar justamente o contrário para que nossas crianças aprendam que o mundo é um bom lugar para viver. Devemos ter sempre esperança nisso, por mais difícil que possa ser ou parecer.

Atualmente, vivemos muitos problemas sociais, problemas com violência urbana, incluindo assaltos, assassinatos, dentre outros, que fazem com que percamos um pouco de esperança no futuro. Com isso, às vezes nos perguntamos: para onde está caminhando nosso mundo? Como será o nosso futuro e o futuro

Capítulo 6 - O Futuro de Seus Filhos - 103

de nossos filhos? Podemos perceber que a resposta a esses questionamentos não parece tão fácil, principalmente pelas mudanças dos valores atuais e pelo retrocesso social que estamos vivendo. Qual é o valor mais importante para as pessoas nos dias atuais? Responda a essa pergunta e perceberá o que nós pais temos que enfrentar hoje para que nossos filhos tenham um futuro melhor.

Todos estes pontos podem ser tratados por falta de educação, principalmente dada pela família, falta de valores, falta de amor ao próximo e ganância. Logo, se cada um de nós trabalharmos com nossos filhos e auxiliarmos pelo menos uma outra família a melhorar esses valores básicos, com certeza o futuro de nossos filhos será melhor. Ou pelo menos, será menos difícil.

A vida com amor é muito bela para apenas se deixar levar. Devemos viver intensamente, buscando sempre o melhor para nós e para o próximo. Devemos deixar de ser egoístas ou pelo menos minimizar este egoísmo.

Entretanto, além destes valores, não podemos nos esquecer da questão ambiental, que impacta diretamente no futuro dos nossos filhos. Devemos listar uma série de mudanças que são necessárias e urgentes tais como: esgoto e lixo a céu aberto, invasão de encostas, lixo sem reciclagem, etc. Esses não são apenas problemas sociais, mas também ambientais e causam prejuízos para a natureza. E como poderemos viver no futuro sem água potável, com o clima completamente desajustado, reduzindo o plantio de alimentos? Essa é a grande questão e a importância de abordarmos estes assuntos.

A finalidade do meio ambiente é para servir e dar qualidade de vida ao homem. Porém, o homem precisa ter consciência que o meio ambiente precisa ter sustentabilidade. Isso não quer dizer proibir a utilização das riquezas naturais, mas sim a utilização de forma sustentável e sem destruição.

Caso não pensemos nesta questão ambiental, dificilmente teremos filhos saudáveis no futuro. Poderemos ter filhos

104 - Filho não é uma Palavra Composta

inteligentes, bem criados, mas sem nenhuma condição de vida no meio ambiente degradado.

O maior desejo de qualquer pai é ouvir no futuro, quando os filhos já estiverem adultos: "Pai, construí amigos, enfrentei derrotas, enfrentei batalhas, mas venci. Hoje tenho família, filhos e consigo ensiná-los com valores, assim como aprendi no passado com o senhor"!

Portanto, nós que somos pais e que ainda temos nossos pais vivos, não podemos perder a oportunidade de agradecê-los por todos os ensinamentos que nos deram. Não podemos nos arrepender de não ter agradecido a eles. Sempre diga o quanto são especiais, por mais simples que seja sua homenagem e agradecimento.

Ensine para seu filho que ele nunca conseguirá mudar o passado, mas que sempre poderá construir um novo futuro. Este é o nosso presente, que poderá ser nosso futuro, desde que tenhamos sucesso nessa difícil tarefa de criar e educar nossos filhos.

Não poderemos prever o futuro de nossos filhos e, muito menos, ter a certeza do que está por vir nas nossas vidas e na vida deles; por isso temos que tomar decisões no presente que refletirão no futuro de cada um de nós e de nossos filhos, independente da forma que os concebemos e independente de preconceitos. Trate-os com amor que eles terão um futuro brilhante. Nunca se esqueça que filho não é uma palavra composta. Filho é apenas filho!

Fiquem indignados sempre que isso não for realidade. Busquem, lutem sempre que for necessário para garantir o sucesso profissional e emocional do seu filho. A família conseguirá criar e educar seus filhos da melhor forma possível. Basta ter coragem, perseverança e fé.

E o principal, que nunca devemos esquecer, conforme disse o Pe Marcelo Rossi em seu livro Ágape: "O dinheiro não nos poupa da morte, nem os cargos, nem os títulos, nem as condecorações. Evidentemente, podemos nos valer dos bens materiais, podemos evoluir, podemos ocupar cargos de destaque. Temos inteligência para isso. O que não podemos é nos tornar servos desses bens ou dessas glórias. Quem assim age, acaba indo ao encontro da própria ruína. Tudo isto é passageiro e o ser humano tem de buscar em sua vida o que não passa, o que é eterno. O que não se corrompe com o tempo". Reflita sobre isso, repense na criação e educação dos seus filhos e no que você quer para o futuro deles.

Além disso, nunca se esqueça de que seu filho será sempre seu espelho. Logo, pense sempre em suas atitudes, antes de realizá-las. Agindo assim, seu filho terá um futuro melhor que o presente e melhor do que você é hoje.

Ensine o real significado e valor da vida para seus filhos. Faça com que eles possam descobrir diariamente o quanto nossa vida é bela, vivendo em família, entre amigos e planejando um futuro feliz. A felicidade é a base para o nosso desenvolvimento.

O mais importante é ter escolhido ser pai (mãe), independente do método de concepção. Filho é apenas filho, não precisamos adjetivar a palavra. Ela não precisa ser composta.

No próximo capítulo abordarei o tema "Pais por Opção". E como disse Chico Xavier: "Que eu não perca a vontade de doar este enorme amor que existe em meu coração, mesmo sabendo que muitas vezes ele será submetido a provas e até será rejeitado".

Capítulo 7 – Pais por Opção

"Só é possível ensinar uma
criança a amar, amando-a."
Goethe

Goethe disse: "só é possível ensinar uma criança a amar, amando-a". Esta citação é muito profunda no contexto deste livro, principalmente levando em consideração o amor dos pais pelos filhos do coração, que optaram em serem pais e que não foram pais por acidente. Além disso, neste capítulo tratarei do assunto "pais por opção". E quando se opta por serem pais, se ama com mais facilidade. Logo, as crianças aprenderão a amar com maior naturalidade.

O desejo de amar é uma característica inerente ao ser humano. Quando nascemos, já nos apegamos aos nossos pais, avós, irmãos, tios, enfim, àqueles que estiverem ao nosso redor. Queremos e precisamos dar e receber afetos. Precisamos amar e ser amados. O desejo de amar se revela com maior intensidade e pureza, na maternidade ou paternidade. Ser pai ou mãe é amar com pureza de espírito, é buscar uma forma de fazer com que todo o amor que se guarda no coração seja compartilhado com alguém.

A busca por este compartilhamento de amor, pela maternidade ou paternidade, pode ser pelos métodos naturais, reprodução assistida ou pela adoção. No primeiro caso, parece ser mais simples, mais "natural", pois não precisamos enfrentar a sociedade e todos os preconceitos. Na segunda, também é um pouco "natural", pois caso não seja ovo doação ou doação de embrião, muito se assemelha à forma natural. Já na terceira situação, é

108 - Filho não é uma Palavra Composta

diferente. Quando escolhemos ser pais ou mães por meio da adoção, infelizmente precisamos dar muitas explicações.

Primeiro à família, que diz logo: "é melhor um que seja do nosso sangue, pelo menos já sabemos mais ou menos o que vai ser". Depois vem um amigo ou amiga e diz: "você é louca, melhor ter um filho seu". A maioria das pessoas acha que um "filho adotivo" não é "nosso", é dos outros. Como nesses casos, ocorrem muitos outros comentários que são frutos do desconhecimento e do preconceito que está cristalizado em nossa sociedade.

Minha proposta neste livro foi de pensar na família como um todo, uma vez que é nesse ambiente que temos origem e que vamos nos descobrindo com relação às outras pessoas. A família nos leva a tomar consciência de que somos indivíduos em toda a sua complexidade e identidade. Na família, experimentamos o sentimento de amor e avançamos para a formação de uma nova família quando adultos.

Parece cíclico e o sentido da vida fica no ponto central, o amor. Em volta do amor, temos a família gerando novas famílias e com a expectativa de que os novos indivíduos sejam melhores do que os indivíduos anteriores, ou ancestrais.

Em todo o livro, tratamos de pontos de grande importância para a sociedade, em especial a sociedade moderna. Atualmente temos invertido completamente os valores da vida que os seres humanos tinham em um passado recente. E por isso, tratamos dos assuntos: família e a importância dos pais, assim como o futuro dos filhos. Todos esses três temas estão diretamente relacionados com o círculo que dissemos. Uma pessoa cresce dentro de uma família, gerida por pais, que pensam no seu futuro. Esta mesma pessoa concebe outro ser, que por sua vez é inserido na família, gerida por pais, que pensam no seu futuro e assim sucessivamente.

Porém, a concepção de filhos do coração para a formação da família foi o ponto principal deste livro. E dentro dessa realidade devemos colocar em pauta uma melhor análise da questão da adoção. Nossa sociedade discute muito, mas poucas são as ações práticas.

Tratamos de todos os outros assuntos, pois para um filho do coração ser bem sucedido ele também enfrentará os mesmos caminhos que os filhos concebidos pelo método natural ou pela reprodução assistida. Logo, ele tem família e tem pais que são importantes para ele e que pensam no futuro dele.

Mas de nada adianta tudo isso, se os pais não tiverem sonhos e não estiverem preparados para serem pais. Assim, espero que a cada dia possamos ter mais pais por opção do que pais por acidente.

É triste ouvir uma mulher dizer que ficou grávida porque "escapuliu". Isso para mim é uma tremenda barbaridade. Engravidar, ser pai, ser mãe é uma dádiva de Deus e um ato sublime. Devemos optar por sermos pais.

Quando fazemos a opção de sermos pais, não estamos escolhendo a maneira para que isso ocorra. Não podemos ter preconceitos, pois o importante é sermos pais. Assim, tratamos no primeiro capítulo as maneiras para conceber um filho nos dias de hoje. Logo, se optamos e sonhamos em sermos pais, devemos conhecer todas as maneiras. Assim, planejando e escolhendo o método de concepção que melhor nos convier e for possível, seremos pais por opção.

Retornando aos filhos concebidos pelo coração, tentamos desmistificar alguns pontos com relação à adoção. Atualmente ainda temos muito que evoluir neste quesito. Existem diversos preconceitos e dificuldades em se abordar este tema. Existe muita maldade vinculada aos preconceitos existentes.

No ano de 2012, uma novela de uma emissora de televisão abordou o tema de forma bastante infeliz, no meu ponto de vista. Uma de suas personagens havia sido adotada por uma família rica. Mas todo o processo foi escondido durante a trama e a revelação foi cercada de preconceitos como se a adoção fosse um crime.

110 - Filho não é uma Palavra Composta

Mas de que filha estamos falando? Filha de quem? Para mim, filha é única. A partir do momento em que se concretizou a adoção, a filha passa a ser responsabilidade da família. A responsabilidade sobre a filha não é dos genitores e sim da família, ou seja, a que concebeu a filha pelo coração; tendo a filha os mesmos direitos que qualquer outro filho concebido por qualquer outra maneira. Não devemos abordar a palavra de forma composta, dizendo "filha adotiva". Filha é filha!

Logo, para toda essa trama, estes conceitos, ou melhor, esses preconceitos apresentados foram muito infelizes. E se a "filha adotiva" matar os "pais adotivos" para ficar com a herança? Quanta barbaridade. Devemos perceber que isto também acontece com "famílias biológicas". Inclusive, citei um caso neste livro. Apenas para relembrar, uma filha de um casal rico, juntamente com o namorado, matou os pais de forma brutal. E a filha não era "adotiva".

Dessa forma, podemos perceber que realmente nossa sociedade é cercada de preconceitos relacionados a diversos temas, mas em especial à adoção que foi o escopo deste livro. Percebemos esse preconceito inclusive em pessoas que se dizem cultas e que também possam ser vítimas de preconceitos. Pense no seguinte cenário: uma pessoa homossexual não aceita ser vítima de preconceito, mas esta mesma pessoa pode ter preconceito racial ou contra adoção. Isto é paradoxal, mas é a nossa realidade.

Existem também, infelizmente, pais que se dizem pais de "filhos adotivos" que fazem questão de mencionar isto, independente do contexto de qualquer diálogo, como se isto fosse um prêmio. Outro dia eu e minha esposa estávamos conversando com um casal e a mãe da esposa deste casal nos apresentou uma criança de aproximadamente 10 anos. Minha esposa questionou: quem é este garoto lindo? A esposa do casal nos disse simplesmente que era seu irmão. Que ótimo, pensamos. Ela tinha um lindo irmão bem mais novo que ela. Mas, logo em seguida a mãe dela completou: é meu "filho adotivo". Mas quem perguntou a ela sobre o método que ela utilizou para conceber aquele lindo garoto? Se nós tivéssemos questionado algo que levasse a essa resposta, tudo bem. Também acho desnecessária esta divulgação excessiva. Não que eu tenha medo dos preconceitos, muito pelo contrário. Não existem diferenças, a adoção é um fato natural e devemos encarar como tal. Mas, não precisamos sair a todos os cantos dizendo que temos um filho do coração. Fazemos isto quando concebemos um filho de outra maneira? Podemos sim noticiar que temos um novo filho. Mas para que complementar esta frase? Apenas temos um novo filho, é simples assim mesmo. Não há nada de anormal nisso, muito pelo contrário.

Nossa sociedade tem se preocupado cada vez mais com dinheiro, sucesso e poder e esquecendo principalmente de um valor básico que se chama amor ao próximo, ou simplesmente amor ao ser humano. Por isso, tratamos todos esses assuntos neste livro, pois para combater todos esses males de nossa sociedade, devemos ter muito amor, carinho, afeto, garra e perseverança. Nossos filhos precisarão saber sempre de toda a verdade de suas origens e não ter vergonha disso. Em especial, Steve Jobs, fundador da Apple, foi filho do coração e muito bem sucedido profissionalmente. Não posso afirmar se ele foi bem sucedido na vida pessoal, mas citei como exemplo o sucesso na vida profissional e que ficou famoso mundialmente. Logo, são assuntos completamente excludentes. Não podemos dizer que ser um filho biológico é sucesso garantido, assim como não podemos dizer também que um filho do coração é fracasso garantido. O meio em que a criança vive, a forma como ela é criada e educada é que formará caráter dela.

Então, o que é mais importante de tudo isso que já falamos? A maior importância é sermos pais por opção, por escolha nossa. Assim, temos o privilégio concedido por Deus, de sermos pais de crianças maravilhosas, tendo filhos com muito amor; criando e educando da melhor forma possível.

112 - Filho não é uma Palavra Composta

Como prova disso, posso citar um estudo realizado recentemente e publicado em *"Proceedings of the National Academy of Sciences"*. O estudo revela que crianças criadas com afeto têm o hipocampo - área do cérebro encarregada da memória - quase 10% maior que as demais. Esta pesquisa foi realizada por psiquiatras e neurocientistas da Universidade Washington de Saint Louis, que sugere um claro vínculo entre a criação e o tamanho do hipocampo.

Foram analisadas imagens do cérebro de crianças, algumas mentalmente saudáveis e outras com sintomas de depressão. As crianças saudáveis e criadas com afeto tinham o hipocampo quase 10% maior que as demais. Ter um hipocampo quase 10% maior é uma evidência concreta do poderoso efeito da criação. Logo, a criação com amor e carinho tem claramente um impacto muito grande no desenvolvimento da criança. Os pesquisadores indicam que o efeito no cérebro é o mesmo se o responsável pelos cuidados da criança são os pais (adotivos ou biológicos) ou os avós.

E para sermos pais por opção, precisamos sonhar, conhecer os métodos para se conceber um filho e, posteriormente, buscarmos concretizar nosso sonho. Caso você opte por conceber por adoção, comece a pensar na gravidez do coração, que lhe permitirá sentimentos indescritíveis.

A única diferença é que nesse caso, alguns passos burocráticos precisam ser seguidos. Mas, isso não é um problema e sim a solução de um sonho, ser pai e mãe.

Pode-se afirmar, sem qualquer dúvida, que as Varas da Infância e Juventude carecem de programas de acompanhamento que visem uma adequada orientação jurídica e psicológica para adotantes, adotados e pretendentes à adoção, tanto na fase que antecede, como no período posterior à adoção. Essa deficiência é verificada, infelizmente, em quase todas as Comarcas do país.

A justiça brasileira inicialmente tenta fazer com que a família biológica assuma a criança e, posteriormente, é que é aberto um processo para a destituição familiar. Este processo normalmente

Capítulo 7 - Pais por Opção - 113

é longo, durando anos. Assim, os abrigos que deveriam ser provisórios, tornam-se o "lar" das crianças. Desta forma, o problema passa a ser o prazo que as crianças ficam nos abrigos. Muitas delas ficam em abrigos até completarem a maioridade e depois são "largadas" no mundo.

As crianças sentem falta de uma mãe e de um pai. Sentem falta de uma família. Sentem falta de amor. É preciso devolver a esperança para tantas meninas e meninos que sonham em ter uma família.

A justiça brasileira diz que havendo condições, a criança deve ser mantida na família. Não havendo condições é que esta criança deve ser encaminhada para adoção, para a "família substituta". Mas, eu faço o seguinte questionamento, principalmente por todos os conceitos apresentados neste livro: o que é família? De que família a justiça está tratando? Existe alguma família titular e alguma família substituta? Nesses casos, obviamente a justiça está falando das pessoas genitoras. Porém, não podemos nos esquecer do amor que um filho concebido pelo coração pode ter na sua família por escolha. No mínimo, a justiça brasileira não deveria utilizar estes termos, principalmente por serem muito frios.

A magistratura tem um papel extremamente importante na solução desses problemas. É o Juiz de Direito que tem o poder, ou o dever, de dar solução definitiva e eficaz para cada criança que vive sem família. É essa pessoa que tem em suas mãos a oportunidade de salvar um ser indefeso do abandono, da falta de autoestima, da solidão. Essa pessoa, quando bem intencionada, transforma-se quase em um anjo para essas pequenas crianças, para os pais e para a família.

Uma pequena assinatura pode transformar todo o sofrimento em outra realidade. Isto significa dizer que o papel principal do Juiz de Direito da Infância e da Juventude é garantir à criança o direito à família. É uma missão divina, majestosa, bela e necessária para toda a nossa sociedade.

Eu conheço Juízes realmente especiais. Longe da soberba e do comodismo, tendo consciência do seu papel na sociedade e de suas responsabilidades capazes de transformar vidas. Os filhos, após aprovação dos juízes, geram amor em suas famílias e são amados. Sei que esta tarefa não é fácil, exige muita dedicação, reflexão, coragem e determinação. Muitos Juízes realmente são especiais.

Não podemos esquecer de que a maioria das pessoas estão querendo ter filhos do coração e não fazerem ações sociais. As pessoas estão querendo ser pais, querendo formar lares. Podemos perceber diariamente que algumas pessoas estão mais sensíveis a laços do coração do que a laços de sangue. Quantos amigos nós temos que são mais próximos do que tios, primos, dentre outros? A minha família é composta por laços do coração, mesmo que contenham laços de sangue. Laços de sangue não são garantia de afeto e amor.

Dessa forma, quis retratar neste livro o poder da palavra filho e a forma como ela é utilizada atualmente. Foram abordados alguns aspectos familiares apenas com o intuito de mostrar que independente da forma que seu filho foi concebido, o papel da família e dos pais é primordial para o desenvolvimento da criança.

E o principal é sonharmos em sermos pais e nos tornarmos pais por opção e não pais por acidente. Mas, mesmo que seja por acidente, que possamos realmente assumir o papel de pais. "Não basta conceber um filho e colocá-lo no mundo", independente da forma de concepção. Já vimos casos de abandono de filhos concebidos naturalmente, de filhos concebidos pelo coração e filhos concebidos utilizando métodos de reprodução assistida. Neste último caso ainda parece mais estranho do que os outros, se assim podemos dizer. Como imaginar que um casal que tenta conceber filhos através de métodos de reprodução assistida possa abandonar o filho gerado? Isso infelizmente também é uma realidade. Recentemente um fato como esse chocou todo o Brasil onde um

Capítulo 7 - Pais por Opção - 115

casal de Curitiba-PR teve trigêmeos após tratamentos de fertilização. Após o parto, o casal quis doar uma criança para adoção, querendo ficar apenas com dois dos três filhos.

Desta forma, pudemos perceber, ao longo de todo o livro, que o mais importante é estarmos preparado para sermos pais. E esse preparo vem com os sonhos e maturidade do casal. Assim, poderemos dar e receber amor, podemos e teremos condições de criar e educar nossos filhos e gerar opções para que eles possam ter um futuro promissor.

O futuro dos filhos é uma grande preocupação de todos os pais. Neste último capítulo, tentei mostrar alguns pequenos detalhes que precisamos nos preocupar e tratar para que nossos filhos possam ter um futuro brilhante. Além disso, tentei apresentar alguns pontos que podem nos auxiliar a minimizar as dificuldades que nossos filhos encontrarão no futuro. Obviamente que boa parte disso, é reflexo de como os educamos e de como os tratamos ao longo de toda a existência deles.

E para encerrar este livro, repito mais uma vez que filhos são apenas filhos, independente da forma de concepção. São todos filhos, que merecem e devem receber o amor de nós, pais. E que sejamos todos muito felizes em nossas famílias, com nossos filhos, pois essa é a essência de nossa existência.

Também, diante de todos os fatos aqui apresentados, não podemos nos esquecer da Oração de São Francisco de Assis. Uma oração belíssima que devemos relembrá-la sempre, podendo utilizá-la em diversos conceitos e momentos distintos, independente de sua religião. Abaixo, transcrevo toda a oração.

"Senhor, fazei de mim um instrumento de vossa paz.
Onde houver ódio, que eu leve o amor.
Onde houver ofensa, que eu leve o perdão.
Onde houver discórdia, que eu leve a união.
Onde houver dúvidas, que eu leve a fé.
Onde houver erro, que eu leve a verdade.

116 - Filho não é uma Palavra Composta

Onde houver desespero, que eu leve a esperança.
Onde houver tristeza, que eu leve a alegria.
Onde houver trevas, que eu leve a luz.
Ó Mestre, fazei que eu procure mais:
Consolar que ser consolado,
Compreender, que ser compreendido,
Amar, que ser amado.
Pois é dando, que se recebe.
É perdoando que se é perdoado e é morrendo que se vive,
para a vida eterna."

Em todos os momentos, podemos nos recorrer a esta oração, que irá nos auxiliar nos momentos de dor, de desespero, de angústia ou de ansiedade.

Gostaria de dizer aos pais, mães, filhos e filhas, para não se envergonharem por conceber ou ser concebido pelo coração. Envergonhem-se por não ter caráter para defender aqueles que te amam. Ninguém é anormal por ser filho do coração. Anormal é a parcela da população que trata esse fato com preconceito, que julga com hipocrisia ou falta de caráter.

E acima de tudo, nunca devemos nos esquecer de que filhos são apenas filhos. Filho não é uma palavra composta, não precisa ser adjetivada. Logo, vamos ser pais de nossos filhos, independente da forma que eles foram concebidos. Vamos simplesmente ser pais e ponto final!

Anexo – Frases Notáveis

Abaixo, apresento frases que considero lindas e perfeitas no contexto de todo o livro que você acabou de ler.
Aproveite o momento da leitura delas para um novo momento de reflexão.

1. "Adotar é acreditar que a história é mais forte que a hereditariedade, que o amor é mais forte que o destino." (Lidia Weber)
2. "O filho biológico você ama porque é seu. O filho adotivo é seu porque você ama." (Luiz Schettini Filho)
3. "A verdadeira família é aquela unida pelo espírito e não pelo sangue." (Luiz Gasparetto)
4. "Acreditar que basta ter filhos para ser um pai é tão absurdo quanto acreditar que basta ter instrumentos para ser músico." (Mansour Chalita)
5. "As ligações de amizade são mais fortes que as do sangue da família." (Giovani Boccaccio)
6. "Não há crianças ilegítimas - só pais ilegítimos." (Léon R. Yankwich)
7. "É na educação dos filhos que se revelam as virtudes dos pais." (Coelho Neto)
8. "A palavra progresso não terá qualquer sentido enquanto houver crianças infelizes." (Albert Einstein)
9. "Os dois maiores presentes que podemos dar aos filhos são raízes e asas." (Hodding Carter)
10. "De todos os presentes da natureza para a raça humana, o que é mais doce para o homem do que as crianças?" (Ernest Hemingway)
11. "Quando você ensina o seu filho, ensina também o filho do seu filho." (Talmude)

118 - Filho não é uma Palavra Composta

12. "A única coisa de valor que podemos dar às crianças é o que somos, e não o que temos." (Leo Buscaglia)
13. "A coisa mais importante que um pai pode fazer pelos seus filhos é amar a mãe deles." (Henry Beecher)
14. "Eu tenho um sonho. O sonho de ver meus filhos julgados por sua personalidade, não pela cor de sua pele." (Martin Luther King)
15. "O grande homem é aquele que não perde o coração de seu filho." (Mencius)
16. "Só é possível ensinar uma criança a amar, amando-a." (Johann Goethe)
17. "Elogie seus filhos publicamente; repreenda-os em secreto." (W. Cecil)
18. "Não devemos moldar os filhos de acordo com os nossos sentimentos, devemos tê-los e amá-los do modo como nos foram dados por Deus." (Johann Goethe)
19. "Lembre-se: quando seu filho estiver tendo um ataque de raiva, cuidado para você não ter um ataque igual ao dele." (Dr. J. Kuriansky)
20. "Para compreender os pais, é preciso ter filhos." (Sófocles)
21. "Meus filhos terão computadores, sim, mas antes terão livros. Sem livros, sem leitura, os nossos filhos serão incapazes de escrever - inclusive a sua própria história." (Bill Gates)
22. "Nossos filhos não são nossos. Eles são filhos da vida ansiando pela vida." (Friedrich Nietzsche)
23. "É melhor sujeitar seus filhos a você por meio do sentimento de respeito e pelo carinho, do que pelo medo." (Terence)
24. "O homem chega à sua maturidade quando encara a vida com a mesma seriedade que uma criança encara uma brincadeira". (Friedrich Nietzsche)

Anexo – Frases Notáveis - 119

25. "Eduquem as crianças e não será necessário castigar os homens." (Pitágoras)

26. "Filho é um ser que nos emprestaram para um curso intensivo de como amar alguém além de nós mesmos, de como mudar nossos piores defeitos para darmos os melhores exemplos e de aprendermos a ter coragem. Isto mesmo, ser pai ou mãe é o maior ato de coragem que alguém pode ter, porque é se expor a todo tipo de dor, principalmente da incerteza de estar agindo corretamente e do medo de perder algo tão amado. Perder? Como? Não é nosso, recordam-se? Foi apenas um empréstimo." (José Saramago)

27. "O principal objetivo da educação é criar pessoas capazes de fazer coisas novas e não simplesmente repetir o que as outras gerações fizeram." (Jean Piaget)

28. "Eu sou um intelectual que não tem medo de ser amoroso, eu amo as gentes e amo o mundo. E é porque amo as pessoas e amo o mundo que eu brigo para que a justiça social se implante antes da caridade." (Paulo Freire)

29. "Ensinar o povo a ver criticamente o mundo é sempre uma prática incômoda para os que fundam os seus poderes sobre a inocência dos explorados." (Paulo Freire)

30. "Não são os rebeldes os que criam os problemas do mundo, são os problemas do mundo que criam os rebeldes." (Ricardo Flores Magón)

31. "Quero morrer sendo escravo dos Princípios, e não dos homens." (Emiliano Zapata)

32. "Ser Mãe é assumir de Deus o dom da criação, da doação e do amor incondicional. Ser mãe é encarnar a divindade na Terra." (Barbosa Filho)

33. "O amor de mãe por seu filho é diferente de qualquer outra coisa no mundo. Ele não obedece lei ou piedade,

ele ousa todas as coisas e extermina sem remorso tudo o que ficar em seu caminho." (Agatha Christie)

34. "A melhor herança que um pai pode deixar ao filho ou o educador ao discípulo é a firmeza em aspirar triunfos e a capacidade de assimilar derrotas." (Moacyr Daiuto)

35. "Quando você levantar o braço para bater em seu filho, ainda com o braço no ar, pense se não seria mais educativo se você descesse esse braço de forma a acariciá-lo, em vez de machucá-lo." (Khalil Gibran)

36. "Em verdade vos digo, aquele que não nascer da água e do Espírito, não pode entrar no Reino de Deus. O que nasceu da carne, é carne e o que nasceu do espírito é o espírito." (Jo3:5-7)

37. "Viver é a coisa mais rara do mundo. A maioria das pessoas apenas existem." (Oscar Wilde)

38. Não existe amor impossível, o que existe são pessoas incapazes de lutar por aquilo que chamam de amor!" (Guimarães Rosa)

39. "Assim que se olharam, amaram-se; Assim que se amaram, suspiraram; Assim que suspiraram, perguntaram-se um ao outro o motivo." (Shakespeare)

40. "Quando somos bons para os outros, somos ainda melhores para nós." (Benjamin Franklin)

41. "Tudo é incerto neste mundo hediondo, exceto o amor de mãe." (James Joyce)

42. "A criança é boa por natureza. A sociedade é que as corrompe." (Jean-Jacques Rousseau)

Bibliografia

ABREU, Paula; *A Aventura da Adoção – Um Guia Completo para Pais, Mães e Filhos*. Editora Thomas Nelson Brasil. Rio de Janeiro: 2010. 206p.

BRASIL. *Lei 8069 de 1990 e suas alterações*, (Estatuto da Criança e do Adolescente)

BROWNE, Sylvia; *O Outro lado da Vida*. Sextante. Rio de Janeiro: 2008. 144p.

CARLOS, Antônio; *Filho Adotivo*. São Paulo: Petit, 1991. 140p

CLASON, George S.; *O Homem Mais Rico da Babilônia*. Rio de Janeiro: Ediouro, 2005. 144p

CURY, Augusto Jorge; *Pais Brilhantes, Professores Fascinantes*. Rio de Janeiro: Sextante, 2003. 174p

CURY, Augusto Jorge; *O Futuro da Humanidade: a saga de um pensador. 4 Ed.* Rio de Janeiro: Sextante, 2005. 249p

CURY, Augusto Jorge; *A Ditadura da Beleza e a Revolução das Mulheres*. Rio de Janeiro: Sextante, 2005. 208p

CURY, Augusto Jorge; *Os Segredos do Pai-Nosso*. Rio de Janeiro: Sextante, 2006. 156p

CURY, Augusto Jorge; *Filhos Brilhantes, Alunos Fascinantes*.2 Ed. São Paulo: Academia da Inteligência, 2007. 142p

FILHO, Luiz Schettini; *Compreendendo o Filho Adotivo*. Recife: Editora Bagaço, 1995. 186p

FILHO, Luiz Schettini; *Compreendendo os Pais Adotivos*. Recife: Editora Bagaço, 1998. 126p

FILHO, Luiz Schettini; *Adoção - Origem, Segredo e Revelação*. Recife: Editora Bagaço, 1999. 124p

FILHO, Luiz Schettini; *Doce Adoção*. Recife: Editora Bagaço, 2001. 148p

FILHO, Luiz Schettini; *Pedagogia da Adoção*. Petrópolis: Vozes, 2009. 112p

122 - Filho não é uma Palavra Composta

FILHO, Luiz Schettini, Schettini, Suzana; *Adoção – Os Vários Lados dessa História*. Recife: Editora Bagaço, 2006. 193p

ISAACSON, Walter; *Steve Jobs: a Biografia*. São Paulo: Companhia das Letras, 2011. 632p

MAGNINO, Og; *O Maior Vendedor do Mundo*. Rio de Janeiro: Record, 2008. 118pNOLTE, Dorothy; Harris, Rachel; *As Crianças Aprendem o que Vivenciam*. Rio de Janeiro: Sextante, 2009. 144p

PAULA, Tatiana Wagner Lauand de; *Adoção à Brasileira – Registro de Filho Alheio em Nome Próprio*. Curitiba: Editora JM, 2007. 108pPRATHER, Hugh; *Não Leve a Vida tão a Sério*. Rio de Janeiro: Sextante, 2003. 158p

Present-Service, *Manual da Grávida: Tudo sobre os próximos nove meses*. São Paulo: HR, 2011. 173p

SAINT-EXUPÉRY, Antoine de; *O pequeno Príncipe*. 48 Ed. Rio de Janeiro: Agir, 2004. 93p

SERAFINI, Paulo; MOTTA, Eduardo; *Grávidos! A realização do Sonho de Ter um Filho*. São Paulo: Editora Gente, 2004. 143p

ROSSI, Padre Marcelo; *Ágape*. São Paulo: Editora Globo, 2010. 128p

SOUZA, César; *Você é do Tamanho dos Seus Sonhos*. São Paulo: Editora Gente, 2003. 184p

STEINBERG, Laurence D.; *10 Princípios para Educar Seus Filhos*. Rio de Janeiro: Sextante, 2005. 192p

TIBA, Içami; *Quem Ama Educa!* – São Paulo.Editora Gente, 2002. 288p

VAN PRAAGH, James; *Em busca da Espiritualidade*. Rio de Janeiro: Sextante, 2008. 96p

WEBER, Lidia Natalia D.; *Aspectos Psicológicos da Adoção*. Curitiba: Editora Juruá, 1999. 186p

WEBER, Lidia Natalia D.; *Pais e Filhos por Adoção no Brasil*. Curitiba: Editora Juruá, 2001. 273p

WEBER, Lidia Natalia D.; *Laços de Ternura.* Curitiba: Editora Juruá, 2003. 218p

WEBER, Lidia Natalia D.; *Adote com Carinho.* Curitiba: Editora Juruá, 2011. 156p

ZAGURY, Tania; *Filhos: Manual de Instruções.* Rio de Janeiro: Record, 2011. 224p

Comportamento Adolescente
Rebeldia ou Doença?

Autoras: Andréia Lígia Vieira Correia
　　　　Katherine Rozy Vieira Gonzaga

112 páginas
1ª edição - 2009
Formato: 16 x 23
ISBN: 978-85-7393-763-3

Comportamento Adolescente: Rebeldia ou Doença é uma obra destinada aos pais e aos responsáveis por conta das afiliações de muitos jovens no processo de amadurecimento de suas vidas, desde as chamadas esquisitices até os comportamentos que a ciência médica denomina transtornos de personalidades, bastante comuns e envolvendo a violência, a sexualidade, o álcool, as drogas etc. Analisa ainda os comportamentos limítrofes dos adolescentes, como a timidez, a ansiedade, os excessos ou a recusa alimentar, o hábito compulsivo do jogo e da Internet, ou as disputas entre irmãos, e mesmo com os pais. As autoras discutem esses temas com o objetivo de orientar todos os interessados na busca da compreensão dos problemas expostos e na formulação das estratégias a adotar, diante de sua recorrência, inclusive quanto à necessidade de procurar apoio médico, quando necessário. Trata-se de uma obra fundamental para os pais de família que tiveram a ventura de produzir uma prole, e os responsáveis não-paternos, que ainda têm um papel importantíssimo a cumprir no encaminhamento de seus filhos e dependentes jovens a um destino saudável.

À venda nas melhores livrarias.

Impressão e Acabamento
Gráfica Editora Ciência Moderna Ltda.
Tel.: (21) 2201-6662